# 数自力

## 科技生活中诞生的全新生活之力

生活者"动"察 2018
The Dynamics of Chinese People
博报堂生活综研(上海)

文汇出版社

# 【前言】

## 在科技生活中诞生的新"生活力"

在中国，应该很容易就可以感受到数码科技的浪潮是如何改变了人们日常生活的风景。好比"无现金支付"将现金从生活中剥离，让不带钱包的生活变成了一种日常；"分享经济"让服饰、自行车乃至汽车都可以无需拥有即可享受；足不出户就能随时随地享受各种"配送到家"及"上门服务"，人们开始变得更能自由掌控自己的时间了……类似这样的事例可以说是不胜枚举。

据博报堂生活综研(上海)今年在中美日三国实施的自主调查※结果显示，绝大多数中国生活者对科技生活抱有肯定态度，科技商品、服务的使用情况也较美日两国更为普遍。此外，我们还发现，无论是在一二线城市之间，还是在各年龄段之间，科技对中国生活者的渗透情况几乎没有太大差异。中国生活者对科技有着如此之高的接受能力，使得科技不仅提高了他们的生活方便程度，还演变成为生活中必不可缺的一部分，甚至起到了提高生活满意度的效果。

在中国，科技之所以能够得到广泛渗透，其首要原因可能要属国务院在2015年颁发的《中国制造2025》国家战略政策的引导作用。在"从制造大国走向制造强国"等方针政策的助推下，中国的高科技产业得到了大规模的发展，这使得与生活息息相关的各种数码科技元素在社会的各个角落生根发芽，并逐渐融入人们生活的各个层面。再譬如说新能源车市场和电商市场领域，中国无论是在量还是质的方面，都可谓是已经步入世界领先水准，相信今后也会是世界科技地图中不可小觑的力量。在强有力的国家战略政策的推动下，高科技企业成了投资的热土，生活者也得以以更加亲民的价格获得相关的商品和服务。可以说，这也是科技为何可以如此全方位渗透生活的主要原因之一。

伴随着科技的发展,中国的生活环境也在急速发生着变化,生活者的生活行为、消费行为以及获取信息的行为和渠道都发生了巨大的转变。另一方面,数码科技的日益渗透也给生活者带来了容易被科技过度影响的负面因素。比如,生活模式开始固定化,日常消费开始被操纵,变得过于轻信机器与人工智能等等。与此同时,生活者想要避免单纯依赖科技,因而采取了主动问询自己可信之人的"Ask行为";也开始通过"Try行为"来利用各种服务达到尝试目的;还因为不满足于提供方所提供的统一服务标准,开启了想要每时每刻都满足自我需求的"My way行为"模式,充分彰显着个人的自主力。

　　在本书中,我们将通过充分运用数码科技,同时凭借自己的力量去解决生活课题这一生活者的意识变化,用代表数码的"数字"和代表自我力量的"自力"加以组合,概括定义成"数自力"一词。对于边享受便利的科技生活,边凭借自己的力量打造出新的生活技巧的生活者,我们对其需求以及由此产生的行为现象做了进一步的洞察分析。并且,在此基础上,我们也就企业该如何应对这一变化来开展市场营销提出了新的切入点。我们由衷地希望,本书所带来的视点或者设想,可以为各位读者在实际开展市场营销活动时带来帮助。

博报堂生活综研(上海)全体研究员

※博报堂生活综研(上海)【中美日三国科技生活调查】

# 目录

# 1

**科技渗透生活的现状**

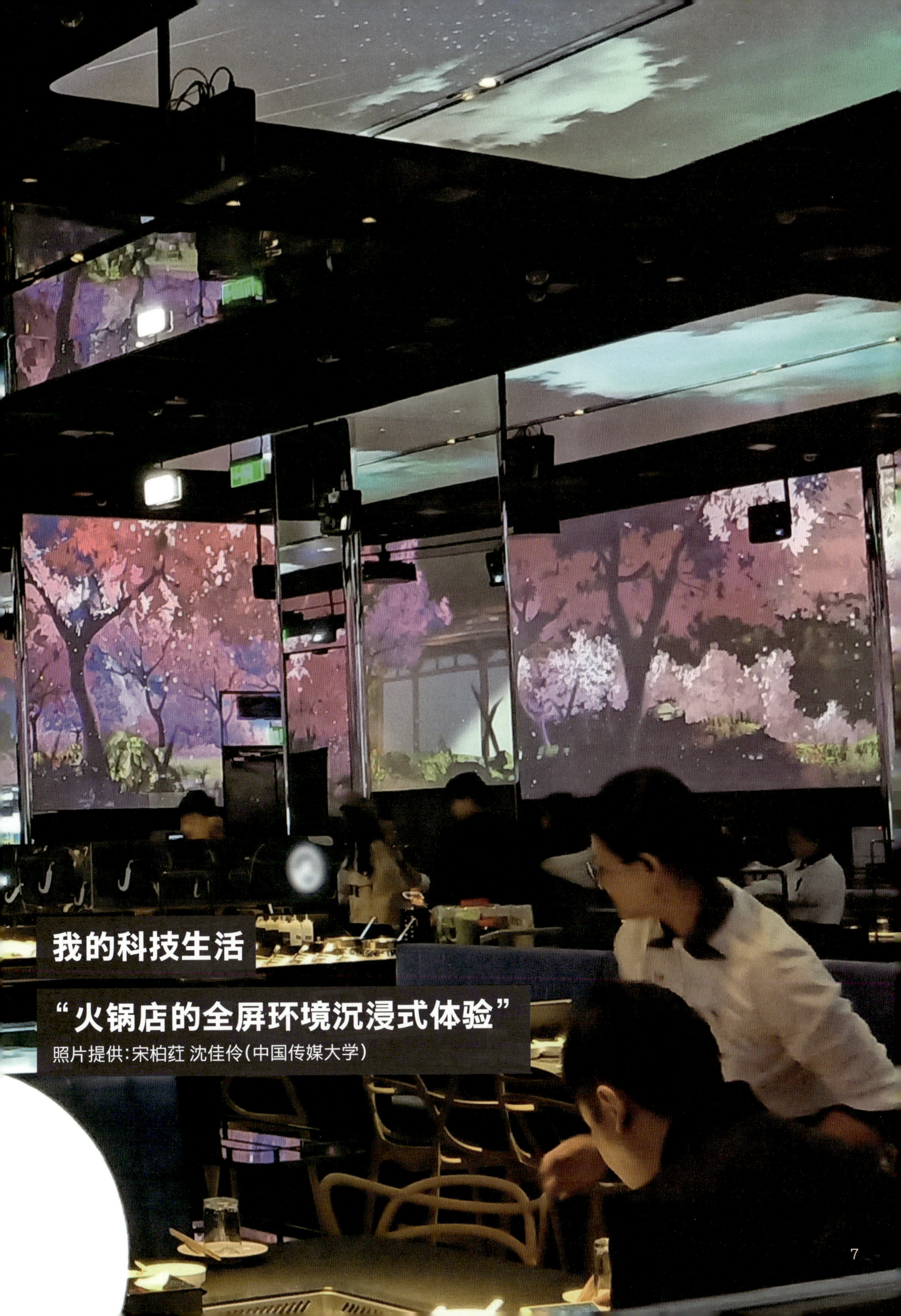

## 我的科技生活

### “火锅店的全屏环境沉浸式体验”

照片提供:宋柏菈 沈佳伶(中国传媒大学)

# 中国科技
## 引领世界产业革新 »

近年来,中国科技发展之快堪称世界少有,中国似乎正在引领全球科技创新的新潮流。

在汽车领域,包括电动汽车、插电式混合动力汽车在内的新能源汽车市场正在持续快速增长。截至2017年,中国新能源汽车销量已连续三年稳居全球首位,正掀起一场前所未有的"出行革命"。

推动这场"出行革命"的关键要素是互联网汽车。即便是单看这个细分市场在2017年的表现,中国的出货量也是世界第一,而其重大意义更在于,它给生活者带来了一种有望超脱传统汽车出行概念的全新生活方式。

同样表现不俗的还有已经被广泛运用到物流、信息采集等领域的无人机产品。中国的无人机产业在世界市场上占据着高度优势,从某种程度上说,中国的科技企业正在引领信息业和物流业的革新潮流。

# 科技创新催生出新产业

## 2017年新能源汽车销量

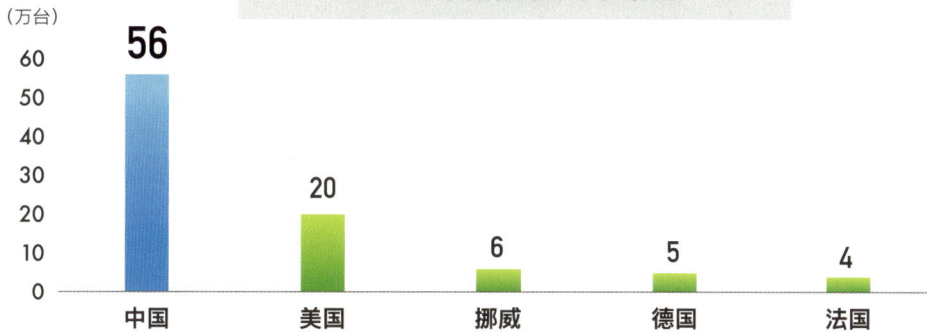

（万台）

| | 中国 | 美国 | 挪威 | 德国 | 法国 |
|---|---|---|---|---|---|
| | 56 | 20 | 6 | 5 | 4 |

出处：人民日报

## 2017年互联网汽车出货量

（万台）

| | 中国 | 美国 | 德国 | 英国 | 法国 |
|---|---|---|---|---|---|
| | 760 | 308 | 261 | 214 | 95 |

出处：根据Counterpoint《世界互联网汽车2018》及
富士经济《融合自动驾驶技术的互联网汽车市场世界调查》数据算出

## 2017年全球无人机市场份额

72%
15%
4%
4%
5%

- 大疆（中国）
- 昊翔（中国）
- 3D Robotics（美国）
- 自制定制类
- 其他

出处：Skylogic Research《2017 Drone Market Sector Report》

## 科技广泛用于家庭 **》》**

中国的科技发展不仅体现在产业领域,更体现在家用领域。

譬如说互联网智能家电的家用智能扫地机,其可爱机灵的运作方式获取了很多用户的青睐,从而得以广泛普及,同时也改变了我们的生活方式。智能扫地机的2017年市场规模达到了630万台,成为世界第一大销售市场。

又如各种可以测量脉搏、血流等人体健康指标的智能可穿戴设备,随着中国生活者健康管理意识的提高,目前中国已有约1.7亿人的智能可穿戴设备用户,用户规模为世界首位。

再如搭载了物联网功能的各类家用电器产品,以及承担各类声控家居设备中枢功能的智能音箱,2017年智能音箱刚上市未久,就已经积累了165万台的销量,排名世界第二。

# 生活电器领域的科技革新

2017年智能扫地机销量

# 630万台
（世界第一）

出处：富士经济

2017年智能可穿戴设备用户数

# 1.7亿人
（世界第一）

出处：eMarketer

2017年智能音箱销量

# 165万台
（世界第二）

出处：GFK

## 科技改变着消费 》》

随着科技对于生活的日益渗透,生活者的消费行为也在步步走向科技化。

中国的电商市场规模目前位居世界首位,人均消费金额也与美国并肩处于世界领先水准。这表明,网络购物已经逐步代替线下购物,成为中国生活者的主流消费方式。

此外,还有急速扩张的外卖市场。如果要论及中国的餐饮消费,外卖已是其中不可忽略的一环。

再来看支撑着所有消费行为的支付领域。在中国,移动支付发展迅速。截至2017年底,所有线下消费行为中移动支付所占的比例已经上升为65.5%,超过了传统的现金支付。

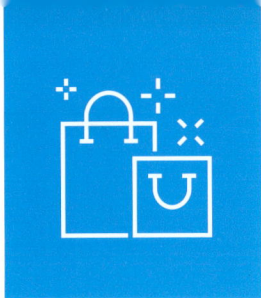

# 零售领域的科技革新

## 2017年电商市场规模

| | 中国 | 美国 | 日本 |
|---|---|---|---|
| 电商市场规模<br>（亿美元） | 11,153 | 4,549 | 953 |
| 人均消费金额<br>（美元） | 1,510 | 1,585 | 805 |

出处：World Bank, Euromonitor, International World States, NET INDEX EXPLORER, World Economic Forum, eMarketer, 日本总务省《通信利用动向调查》

## 外卖市场规模

（亿元）

| 年份 | 数值 |
|---|---|
| 2013年 | 503 |
| 2014年 | 861 |
| 2015年 | 1,250 |
| 2016年 | 1,662 |
| 2017年 | 2,046 |

出处：美团点评研究院
《2017年中国外卖发展研究报告》

## 2017年线下消费移动支付比例

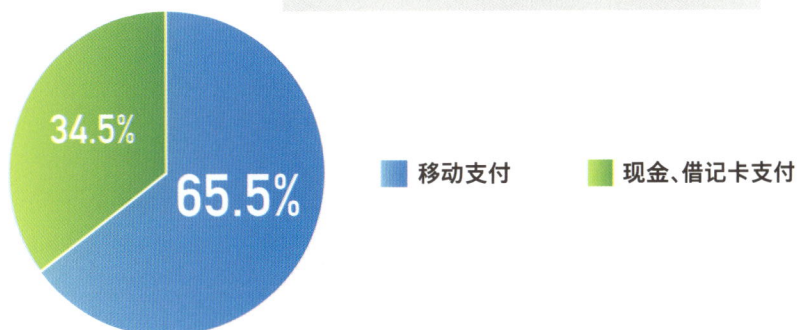

- 34.5%
- 65.5%

■ 移动支付　■ 现金、借记卡支付

出处：CNNIC

# 先端科技正广泛渗透于 "普通人"的生活

中国的科技发展的一个显著特征是：即便是最先端的科技所惠及的对象，也不只局限于对数码科技敏感度较高的人群或相对富裕的阶层，而是涵盖普罗大众。

比如说，我们的采访对象中有一位"将家中所有电子设备全都物联网化的生活者"。这位受访者家在宁波，家中装修乍看之下与普通家庭无异，但实际上已经进行过很高程度的物联网改造。为了将居家生活打造得更舒适，除了智能家电之外，还安装有各式各样的人体感应器。看起来，几年前还停留在想象层面的"未来生活"，在今天已经成为了理所当然。

我们还采访到一位声称"人生第一台车就是新能源智能汽车"的年轻人。这位年轻人虽然最终购买了一台搭载有车联网系统的插电式混动车来开启他的汽车生活，但实际上在选购阶段并没有非常重视车联网功能；不过，日常生活中的实际驾驶体验改变了他最初的认知：对于一台汽车来说，联网功能其实是不可或缺的。或许今后人们的购车选择基准也会就此发生改变。

再举一个"智能音箱育儿"的受访者家庭的例子。这户人家的智能音箱是刚上市时就趁兴购入的，之后就几乎成为了5岁女儿的专属玩伴。据说，这是因为智能音箱能很好地回应小女孩的需求，有时为她读儿童绘本，有时为她唱她喜欢的儿歌，小女孩有时还会听着伴奏跳起舞。可以说，智能音箱已经承担起了一部分父母对子女教育与陪伴的职责。

# 家中的各类物联网家电

■玄关
智能音箱

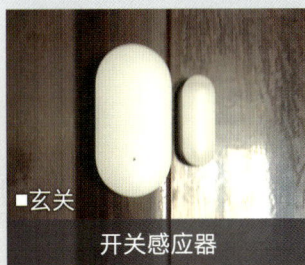

■玄关
开关感应器

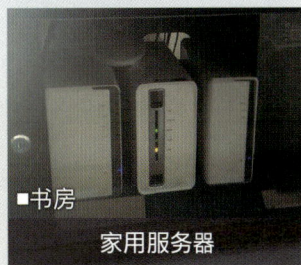

■书房
家用服务器

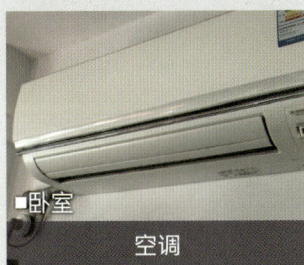

■卧室
空调

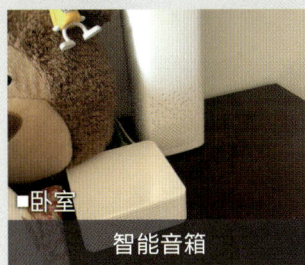

■卧室
智能音箱

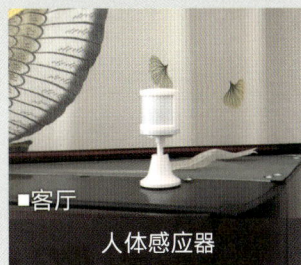

■客厅
人体感应器

## 人生第一台车就是新能源智能汽车

## 智能音箱成为育儿帮手

# 在OMO领域的
# 科技运用方面领先世界

为了更好地洞察科技生活者的行为意识,博报堂生活综研(上海)本次以中美日三国的生活者为对象实施了"中美日三国科技生活调查"。

调查结果表明,首先,就目前的科技商品或服务的使用情况而言,中国生活者的使用率数值最高,较美日两国有着压倒性优势。

进一步分析使用率排名靠前的科技商品或服务的特征可知,中国生活者对于线上线下相结合的OMO(Online Merges with Offline)服务的使用率较美日两国为高。

通过这些数据,我们发现,中国生活者对于科技商品或服务的运用,并不仅局限于网络,而是几乎已经延伸到了线上线下生活的每个角落。

## 科技商品、服务使用率

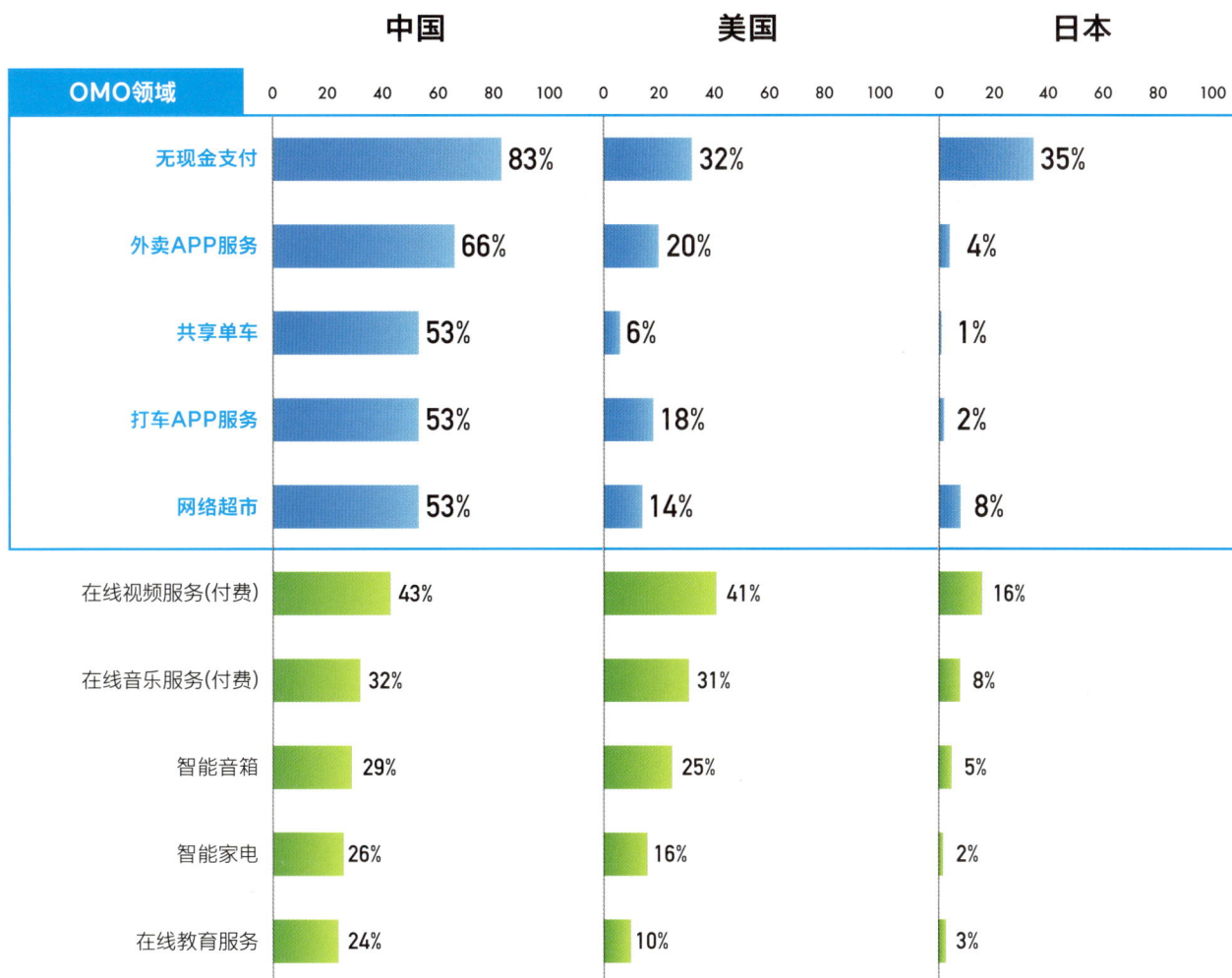

| | 中国 | 美国 | 日本 |
|---|---|---|---|
| **OMO领域** | | | |
| 无现金支付 | 83% | 32% | 35% |
| 外卖APP服务 | 66% | 20% | 4% |
| 共享单车 | 53% | 6% | 1% |
| 打车APP服务 | 53% | 18% | 2% |
| 网络超市 | 53% | 14% | 8% |
| 在线视频服务(付费) | 43% | 41% | 16% |
| 在线音乐服务(付费) | 32% | 31% | 8% |
| 智能音箱 | 29% | 25% | 5% |
| 智能家电 | 26% | 16% | 2% |
| 在线教育服务 | 24% | 10% | 3% |

Base:各商品、服务的认知者
※按照中国数值排序

出处:博报堂生活综研(上海)
【中美日三国科技生活调查】

# 一二线城市的
# 生活科技使用率近乎一致

　　从我们本次在一二线城市(北京、上海、广州、天津、成都、重庆、武汉、西安、郑州)实施的定量调查结果可以看出,就科技商品或服务的使用率而言,一线、二线城市的渗透率都非常高,基本没有差距。

# 各年龄层的
# 生活科技使用率都很高

　　调查结果还表明,从20多岁到50多岁,各年龄层人士对于科技商品或服务的使用程度并未呈现显著差异,科技生活已经覆盖各年龄层。

　　在以往的中国,商品与服务的普及需要时间来积累,往往还具有从沿海逐渐推广至内陆,从年轻人逐渐推广至老年人的特征,但科技生活的普及却有所不同,具有迅速、广泛的特征。

## 科技商品、服务使用率(一二线城市)

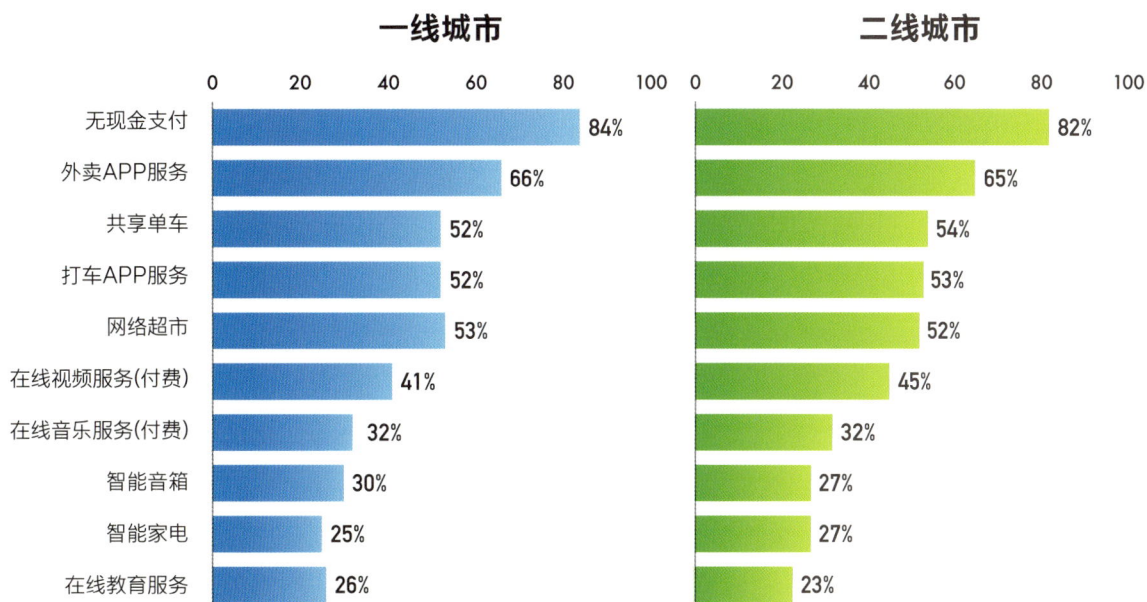

### 一线城市

| 商品/服务 | 使用率 |
|---|---|
| 无现金支付 | 84% |
| 外卖APP服务 | 66% |
| 共享单车 | 52% |
| 打车APP服务 | 52% |
| 网络超市 | 53% |
| 在线视频服务(付费) | 41% |
| 在线音乐服务(付费) | 32% |
| 智能音箱 | 30% |
| 智能家电 | 25% |
| 在线教育服务 | 26% |

### 二线城市

| 商品/服务 | 使用率 |
|---|---|
| 无现金支付 | 82% |
| 外卖APP服务 | 65% |
| 共享单车 | 54% |
| 打车APP服务 | 53% |
| 网络超市 | 52% |
| 在线视频服务(付费) | 45% |
| 在线音乐服务(付费) | 32% |
| 智能音箱 | 27% |
| 智能家电 | 27% |
| 在线教育服务 | 23% |

Base:各商品、服务的认知者
※按照中国数值排序

出处:博报堂生活综研(上海)
【中美日三国科技生活调查】

## 科技商品、服务使用率(各年龄层)

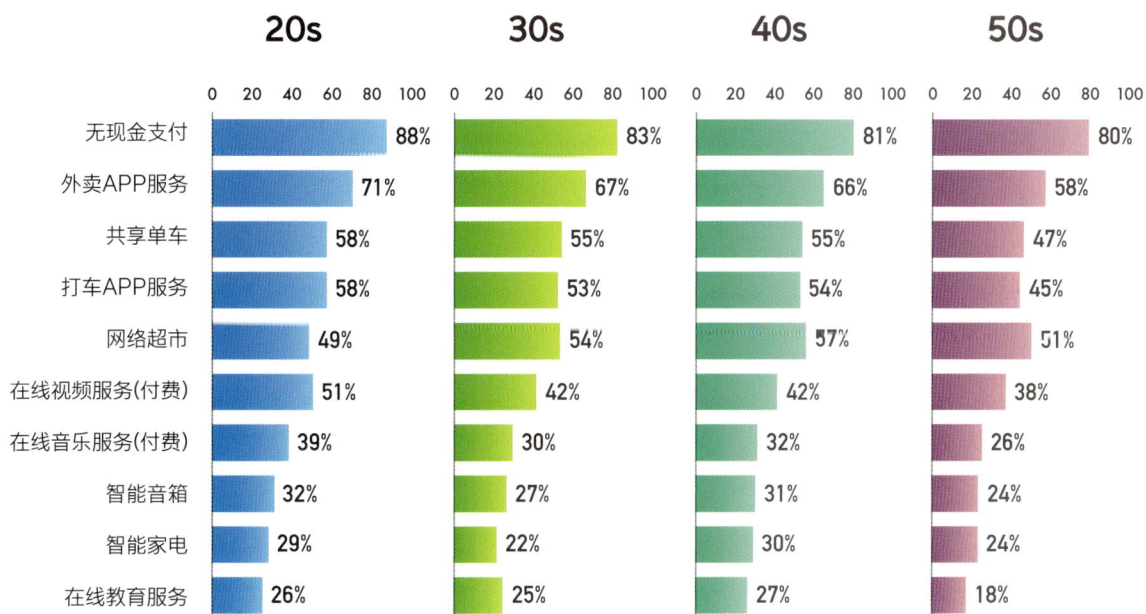

| 商品/服务 | 20s | 30s | 40s | 50s |
|---|---|---|---|---|
| 无现金支付 | 88% | 83% | 81% | 80% |
| 外卖APP服务 | 71% | 67% | 66% | 58% |
| 共享单车 | 58% | 55% | 55% | 47% |
| 打车APP服务 | 58% | 53% | 54% | 45% |
| 网络超市 | 49% | 54% | 57% | 51% |
| 在线视频服务(付费) | 51% | 42% | 42% | 38% |
| 在线音乐服务(付费) | 39% | 30% | 32% | 26% |
| 智能音箱 | 32% | 27% | 31% | 24% |
| 智能家电 | 29% | 22% | 30% | 24% |
| 在线教育服务 | 26% | 25% | 27% | 18% |

Base:各商品、服务的认知者
※按照中国数值排序

出处:博报堂生活综研(上海)
【中美日三国科技生活调查】

# 生活者
# 对于【科技生活】的印象

对于科技日益渗透生活的现状，生活者又作何评价呢？
为此，我们实施了调查，请被访者以自由回答的形式做了回答。

## 对于【科技商品、服务】的印象

|  | 中国 | 美国 | 日本 |
|---|---|---|---|
| 肯定 | **97%** | 66% | 52% |
| 中立 | **2%** | 23% | 20% |
| 否定 | **1%** | 11% | 29% |

出处：博报堂生活综研（上海）
【中美日三国科技生活调查】

出处:博报堂生活综研(上海)
【中美日三国科技生活调查】

## 生活者对于【科技商品、服务】的印象

### No.1

## 「无现金支付」关键词出现 731次　※自由回答次数

每天生活中不可或缺的「收付款」。
无现金支付带来的便利性是生活者对于科技生活的头号印象。

> 无人超市里虽然都是电子支付，但是大家都会老老实实地付款，感到大家的素质提高了呢。
>
> **20多岁·女性·成都**

> 科技带来的最大的变化还是在支付方面。现在无论什么年龄，外出的时候都不会带现金了。
>
> **50多岁·女性·广州**

> 有了无现金支付以后，小偷都快要饿死了。
>
> **50多岁·男性·西安**

### No.2

## 「方便」关键词出现 685次

在生活者对于科技生活的印象中，
排名第二的是"科技使生活变得更方便了"。

> 生活变了，不管是钱包、银行卡，现在都只要一部手机就够了。家里用上了指纹锁，钥匙也不用带了，又方便又环保。
>
> **20多岁·女性·成都**

> 现在真的变方便多了。出门只需要带一台手机，没电也不怕，有共享充电宝服务，非常方便。
>
> **20多岁·女性·上海**

> 科技大大提高了生活的方便性和舒适性，还节省了很多不必要的时间，让我们可以有更多的时间投入到美好的生活中。
>
> **40多岁·女性·北京**

### No.3

## 「智能」关键词出现 292次

智能音箱、智能家电等的日渐普及，
使得「智能」一词在印象榜单中名列第三。

> 人工智能，智能电器，智能手机，无所不能，真正的科技范儿。
>
> **20多岁·男性·成都**

> 智能家电智能联动，真是方便。一回家空调和电灯就自动打开，想要睡觉，空气加湿器就会自己开始运行。
>
> **20多岁·男性·重庆**

> 智能音箱只需要一句话，又可以放音乐，也可以做闹钟，还可以查天气上网购物。真是小小一句话，满足你我他。
>
> **30多岁·女性·重庆**

# 关于科技生活带来的益处

对于科技日益渗透生活的现状,生活者又感受到了哪些益处呢?

调查结果显示,中国生活者中回答"生活因为科技变得便利了"的人所占比例达到了73%,明显高于美国和日本。

从"科技商品和服务对于生活的不可或缺程度"一题的回答情况来看,中国受访者中认同"绝对不可或缺"看法的人占到了整体的51%,如果加上认同"虽然未到不可或缺程度,但的确是必需的"意见的人所占比例的话,数值更是高达98%,大幅领先于美国和日本。

同样,比较三国受访者对于"生活因为科技变得更令人满意了"这一说法的认同率可知,中国再次以51%的高位数值将美日两国甩在了身后。

| 科技高度渗透生活 | 提升生活便利性 | 成为生活中不可或缺的存在 | 成为提升生活满足度的存在 |

对于中国生活者来说,
科技生活已不只意味着"便利",
而是成为了"不可或缺的存在",
更有助于"提升生活满足感"。

## 科技让生活变得更便利了

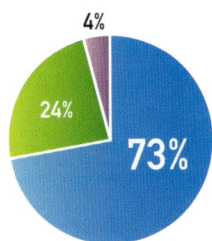

中国

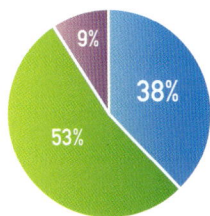

美国

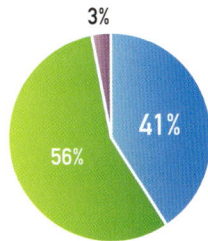

日本

■ 与以前相比，开始(更)这么想了

■ 没有改变

■ 与以前相比，开始不(更不)这么想了

## 科技对于生活是不可或缺的

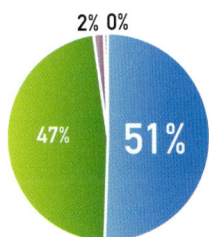

中国

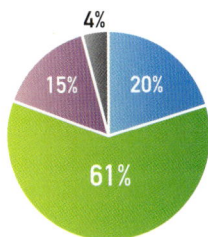

美国

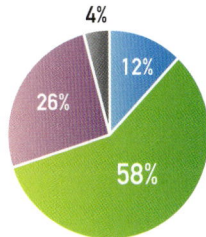

日本

■ 绝对是不可或缺的

■ 虽然未到不可或缺程度，但的确是必需的

■ 不怎么认为是必需的

■ 完全不认为是必需的

## 科技使得生活更令人满意了

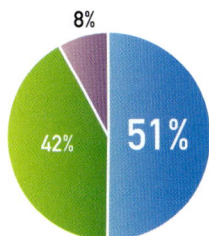

中国

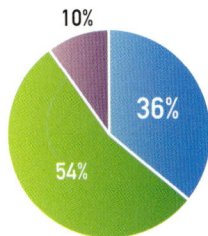

美国

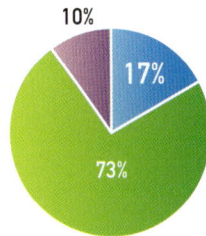

日本

■ 与以前相比，开始(更)这么想了

■ 没有改变

■ 与以前相比，开始不(更不)这么想了

出处：博报堂生活综研（上海）
【中美日三国科技生活调查】

23

# 2 5

## 科技渗透生活的背景

我的科技生活

## "口红扫码得"

照片提供：杜美英（中国传媒大学）

# 进入稳定成长期的中国

那么，科技日益渗透生活的时代背景是怎样的呢？

首先来看一下衡量经济发展水平的基本指标之一国内生产总值（GDP）增长率的变化。虽说GDP增长率已经从2000年的10％左右降到了2018年的6.5％（预测值），但在世界范围内依然属于高增长水平。换句话说，经济发展已经从高速增长期转向中高速增长期，从2014年开始步入"新常态"阶段。

再对比一下上世纪90年代后半期与2010年之后的不同收入阶层间的变动情况便可得知，比起以前，跨阶层流动呈现趋缓态势。

简单地说，随着经济增长日渐趋稳，不同阶层之间的流动也同样在日益趋向稳定。

## 实际GDP增长率

（%）

6.5%

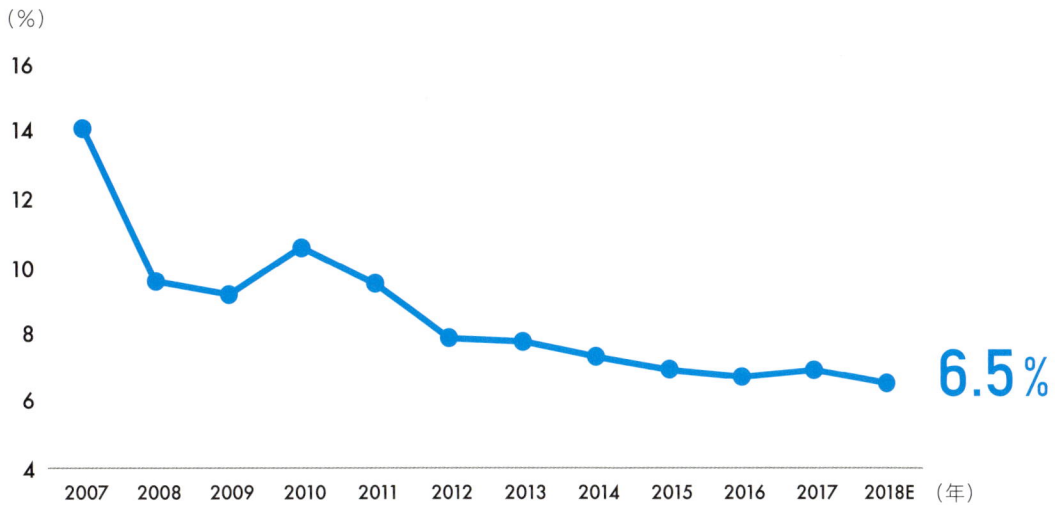

出处：中国国家统计局

## 城市居民收入阶层间流动

※所属收入层无变动人群占比
　数值越高表示流动性越弱

（%）

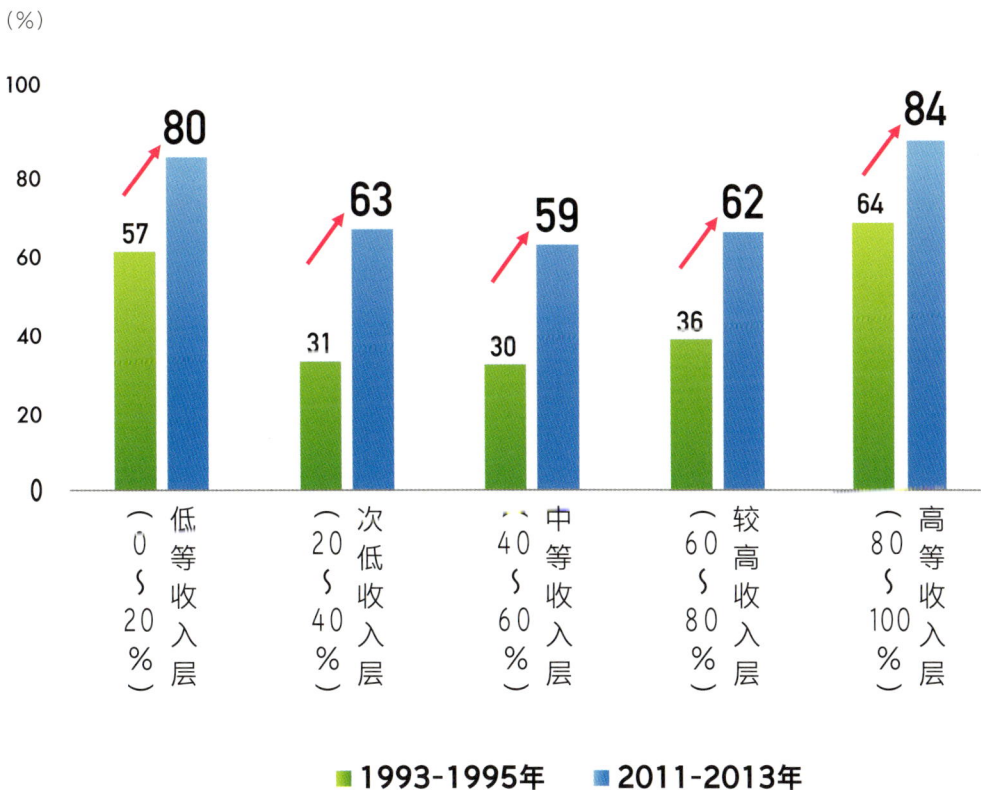

| 收入层 | 1993-1995年 | 2011-2013年 |
|---|---|---|
| 低等收入层（0～20%） | 57 | 80 |
| 次低收入层（20～40%） | 31 | 63 |
| 中等收入层（40～60%） | 30 | 59 |
| 较高收入层（60～80%） | 36 | 62 |
| 高等收入层（80～100%） | 64 | 84 |

■1993-1995年　■2011-2013年

出处：中国收入分配研究院
《中国家庭收入调查》

# 国家推动高科技产业发展

在稳定的经济环境中，中国开始将发展高科技产业上升为国家战略，力求促进经济的可持续性发展。

2015年5月，国务院正式印发了《中国制造2025》，明确到建国100周年的2049年时，力争成为世界顶级制造强国的战略目标，并制定了实施制造强国战略的十年计划。

在国家政策的助推下，以人工智能为代表的新一代信息技术产业得到了飞速发展，2017年中国在人工智能方面的投资额占到了全球总投资的48%。

不仅如此，科技初创企业的发展速度也十分迅猛。在全球各国估值超过10亿美元(约合68亿元)的"独角兽"初创企业数量排行榜中，中国排名世界第二。

## 中国制造2025

### 十大重点产业领域

1. 新一代信息技术产业
2. 高档数控机床和机器人
3. 航空航天装备
4. 海洋工程装备及高技术船舶
5. 先进轨道交通装备
6. 节能与新能源汽车
7. 电力装备
8. 农机装备
9. 新材料
10. 生物医药及高性能医疗器械

※国务院2015年5月发布版本

### 信息技术产业的成长

#### 2017年中国各产业GDP增长率

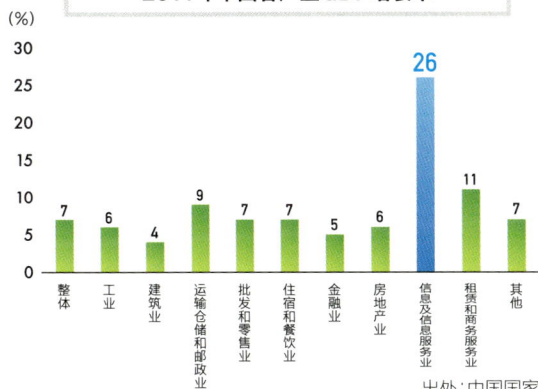

(%)

| 整体 | 工业 | 建筑业 | 运输仓储和邮政业 | 批发和零售业 | 住宿和餐饮业 | 金融业 | 房地产业 | 信息及信息服务业 | 租赁和商务服务业 | 其他 |
|---|---|---|---|---|---|---|---|---|---|---|
| 7 | 6 | 4 | 9 | 7 | 7 | 5 | 6 | 26 | 11 | 7 |

出处：中国国家统计局

#### 2017年全球人工智能融资分布

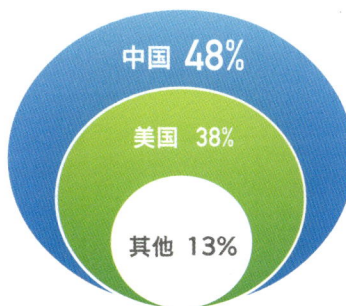

中国 48%
美国 38%
其他 13%

出处：CB Insights

### 高科技企业的成长

#### 高科技初创企业融资情况

(融资金额：亿元) 　　　　企业数

| | 2013年 | 2014年 | 2015年 | 2016年 | 2017年 |
|---|---|---|---|---|---|
| 融资金额 | 400 | 1,038 | 1,293 | 1,312 | 2,025 |
| 企业数 | 1,148 | 1,917 | 3,445 | 3,683 | 4,882 |

■ 融资金额　── 企业数

出处：pedate.com

#### 2017年全球独角兽企业分布

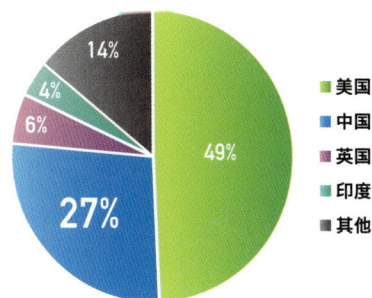

美国 49%
中国 27%
英国 6%
印度 4%
其他 14%

出处：CB Insights

# 生活者得以以较低门槛享用科技生活

在国家政策的引导和助推下，高科技产业领域的投资总体表现活跃，各式各样的科技商品和服务也因此应运而生，丰富的市场供应极大地降低了中国生活者的科技使用成本。我们试着将中美两国部分常见的科技商品和服务的价格做了对比，结果发现，不管是购买智能音箱还是利用共享单车或服饰租赁服务，中国都有明显的价格优势。

需要指出的是，作为这个价格优势的提供方，企业自然有它自己的理由和利益方面的考量：正是通过以较低价格提供各类新科技商品和服务，企业才得以快速吸引用户并获得资金。

## 科技商品、服务例

| | 智能音箱 | 共享单车 | 服饰租赁 |
|---|---|---|---|
| 中国 | 畅销产品价299元 | 1元/次 | 3,888元/年 |
| 美国 | 畅销产品价199美元<br>(约1,400元) | 3美元/次<br>(约21元) | 1,788美元/年<br>(约12,500元) |

※ 由博报堂生活综研(上海)于2018年11月
查询中美两国具代表性商品和服务价格而得

# 消费意欲持续旺盛

或许正是得益于高科技商品和服务的低成本享用优势，生活者的消费意欲不同于经济增长的放缓趋势，延续了一贯的旺盛态势。这可能是因为，虽然经济已经进入"新常态"阶段，支撑消费的收入水平却是在稳步提升的。一个标志性现象是，居民可支配收入的增长速度确实已经超越了GDP的增长速度。

更直观的一个数据是反映生活者消费意欲变动的消费者信心指数（CCI：Consumer Confidence Index）。虽然现阶段的消费者信心指数较巅峰数值有所回落，但从长期来看，生活者的消费意欲仍旧处于高位运行。

## 实际GDP与可支配收入增长率

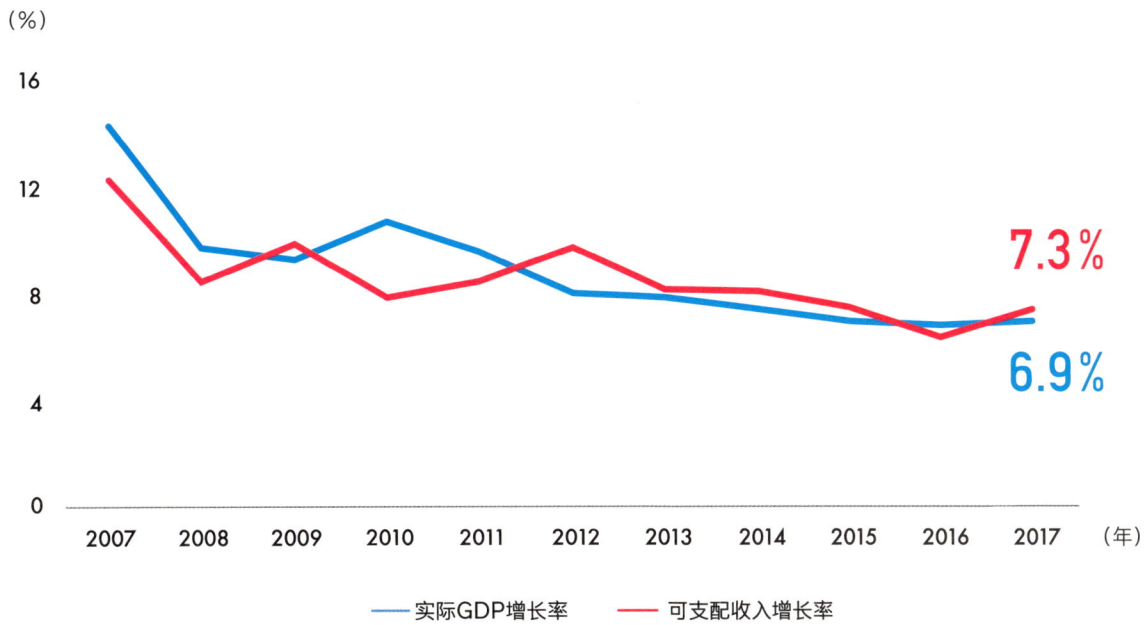

（%）

16

12

8

4

0

7.3%

6.9%

2007　2008　2009　2010　2011　2012　2013　2014　2015　2016　2017　（年）

—— 实际GDP增长率　　—— 可支配收入增长率

出处：中国国家统计局

## 消费者信心指数

（指数）

130.0

120.0

110.0

100.0

90.0

124.0
（最高值）

118.5
（2018年9月）

1月　3月　5月　7月　9月　11月　1月　3月　5月　7月　9月　11月　1月　3月　5月　7月　9月　11月　1月　3月　5月　7月　9月

2015年　　　　　2016年　　　　　2017年　　　　　2018年

出处：中国国家统计局

# 由"经济型"消费升级

　　接下来，我们再回过头来仔细梳理一下科技渗透生活的背景。在科技强国的国家战略政策的引导下，高科技产业领域融资活跃，促成了许多使用门槛较低的科技商品和服务应运而生，由此产生的丰富市场供应则直接刺激和提升了生活者原本就旺盛的消费意欲。

# 至"科技型"消费升级

　　众所周知,近年来席卷生活者的一大消费趋势是经济稳步增长背景下的消费升级。如果说以往的消费升级更多指向的是"购买或享用更高级更优质的商品和服务",那么,现在新兴的消费升级风潮其实也可以作如下解释:随着各类科技商品和服务的快速普及,生活者的消费意欲也仿佛得到了大力激活。于是,他们纷纷开始朝着"更具科技性和先端性的商品或服务"进发,从而掀起了一股"科技型消费升级"热潮。

# 3

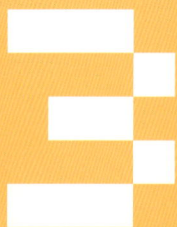

## 科技渗透生活所带来的变化

# 我的科技生活

## "智能跑道"

照片提供：叶萃德（中国传媒大学）

37

# 科技渗透生活
# 带给生活者的变化

　　以上是我们对科技如何渗透生活所作的一些梳理，接下来我们一起来看看，科技渗透生活又给生活者带来了哪些变化。为了能够对此问题做出更客观翔实的解答，我们会穿插部分博报堂生活综研(上海)所实施的自主调查结果来展开分析说明。

　　先简单说明一下，博报堂生活综研(上海)所实施的独立调查可分为定量和定性两部分：定量调查部分就是我们在第一章中曾经提及的"中美日三国科技生活调查"，样本量为4,000人；定性调查则主要包括"普通科技生活者小组访谈"，以及限定在先端科技生活者范围内的"先端科技生活者家庭访问"。

　　以下我们就一起来细看部分调查结果，并试着从生活、消费、信息三个层面来综合分析生活者的变化，进而洞察和把握其背后的根本欲求所在。

生活层面的变化

消费层面的变化

信息层面的变化

洞察变化背后的
生活者欲求

# 科技渗透带动
# 生活行为的效率化模式化

首先,我们来看看生活层面的变化。

调查结果表明,在所有"这两三年来因为科技渗透而有所改变的意识"项目中,回答"生活中的活动模式开始(更)固定了"的人占到了整体的41%。另外值得一提的是,在生活中运用科技程度越高的人,仿佛越能认同"生活的模式化"效应。即便是与美日两国横向比较,中国的生活者也显示出了最高的认同率。

更有人在深访调查中发出了这样的感慨:"不管是附近餐厅的外卖还是远在海外的商品,都只要坐在家里动动手指就好,所以更少出门了。"确实,科技渗透在有助于提高生活效率的同时,也给我们的生活带来了容易陷入模式化的可能性。

科技生活带来的变化

## 生活中的活动模式开始(更)固定了

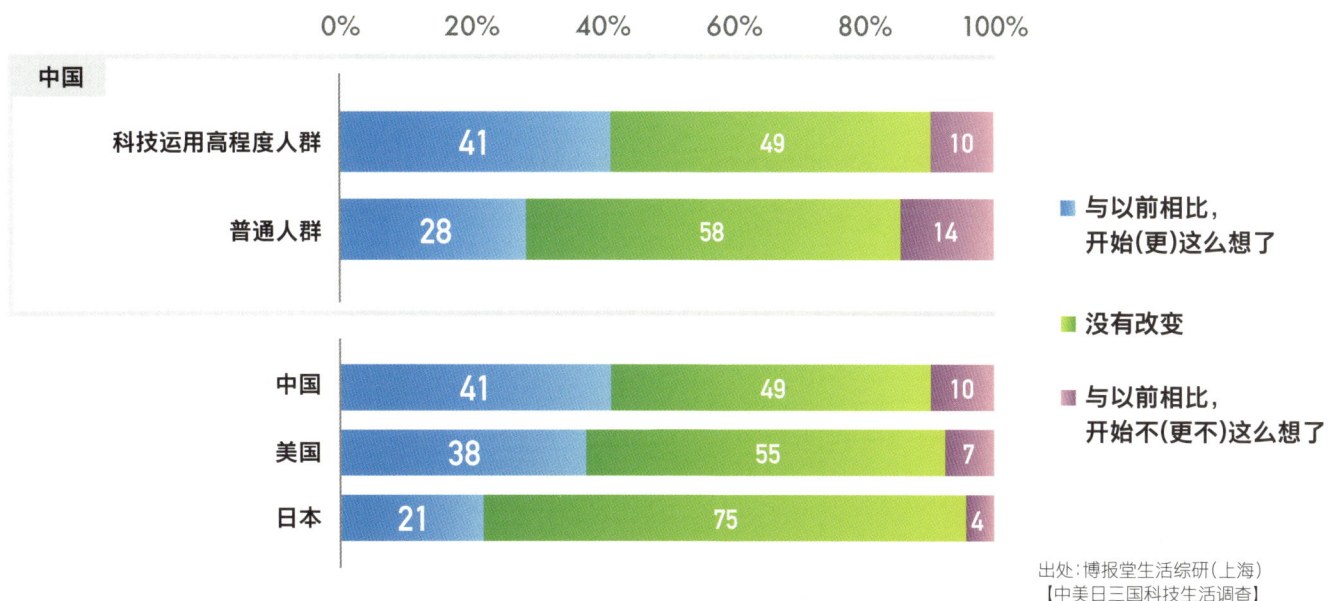

| | 0% | 20% | 40% | 60% | 80% | 100% |
|---|---|---|---|---|---|---|

**中国**

| | | |
|---|---|---|
| 科技运用高程度人群 | 41 / 49 / 10 | |
| 普通人群 | 28 / 58 / 14 | |

| | | |
|---|---|---|
| 中国 | 41 / 49 / 10 | |
| 美国 | 38 / 55 / 7 | |
| 日本 | 21 / 75 / 4 | |

■ 与以前相比,
开始(更)这么想了

■ 没有改变

■ 与以前相比,
开始不(更不)这么想了

出处:博报堂生活综研(上海)
【中美日三国科技生活调查】

> 不管是附近餐厅的外卖还是远在海外的商品,都只要坐在家里动动手指就好,所以更少出门了。

20多岁·男性·成都

# 为了不陷入模式化生活
# 而不断求新

如前面所说，科技的日益渗透，一方面有助于提升生活的效率，另一方面也容易使生活陷入模式化的僵局。为了打破这个僵局，或者防患于未然，生活者开始自发行动起来。

正如我们的调查结果显示的一样，在"这两三年来因为科技渗透而有所改变的意识"项目中，声称自己"变得（更）想要寻求生活中的新刺激"的人占到了整体的44%，并且，同样也是生活中运用科技程度越高就越能认同"想要寻求新刺激"的想法，三国中又以中国生活者的认同程度最高。

同时，访问调查部分也可以看到流露类似倾向的回答："我希望每天的生活能有点变化，因为有变化才有乐趣。"由此可见，生活者并非只是想要一味追求生活的效率化，而是希望能够避免生活的模式化，并且，他们愿意为了寻求新的刺激而做出自己的努力。

## 科技生活带来的变化

### 变得(更)想要寻求生活中的新刺激

```
        0%      20%     40%     60%     80%    100%
```

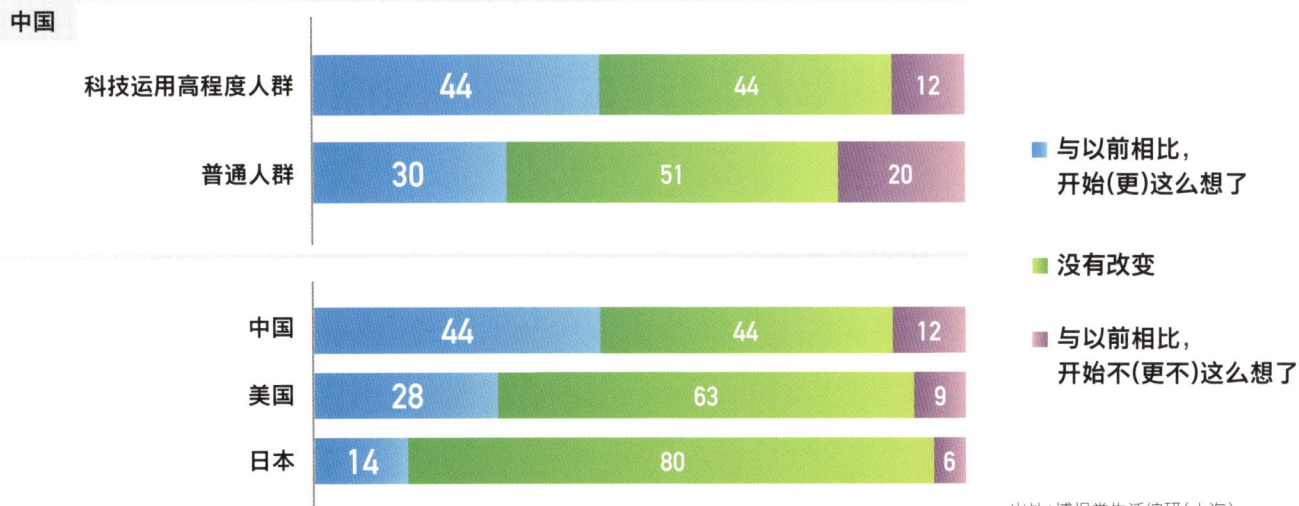

**中国**

| | 与以前相比，开始(更)这么想了 | 没有改变 | 与以前相比，开始不(更)这么想了 |
|---|---|---|---|
| 科技运用高程度人群 | 44 | 44 | 12 |
| 普通人群 | 30 | 51 | 20 |

| | 与以前相比，开始(更)这么想了 | 没有改变 | 与以前相比，开始不(更)这么想了 |
|---|---|---|---|
| 中国 | 44 | 44 | 12 |
| 美国 | 28 | 63 | 9 |
| 日本 | 14 | 80 | 6 |

- ■ 与以前相比，开始(更)这么想了
- ■ 没有改变
- ■ 与以前相比，开始不(更)这么想了

出处：博报堂生活综研（上海）
【中美日三国科技生活调查】

我希望每天的生活能有点变化，因为有变化才有乐趣。

20多岁·女性·上海

# 科技渗透持续刺激消费

接下来考察一下消费层面的变化。

调查结果告诉我们,在"这两三年来因为科技渗透而有所改变的意识"项目中,选择"开始经常先拿到优惠券之后再去购物或在外吃饭了"的人占比为42%,折扣和优惠成为了消费的先决条件。并且,在"生活中运用科技程度越高就认同率越高"方面,中国的认同率也为三国之最。

再来看某位颇具代表性的受访者的发言:"我加很多群都是为了可以拿到优惠,群里的折扣券什么的都是稍纵即逝的,必须抓紧盯着。"正如这样,科技的渗透使得人们几乎每天都能轻易地接收到各类优惠券等大量消费信息,它强大的刺激效应使得消费也逐渐开始有了被摆布的危险。

## 科技生活带来的变化

### 开始经常先拿到优惠券之后再去购物或在外吃饭了

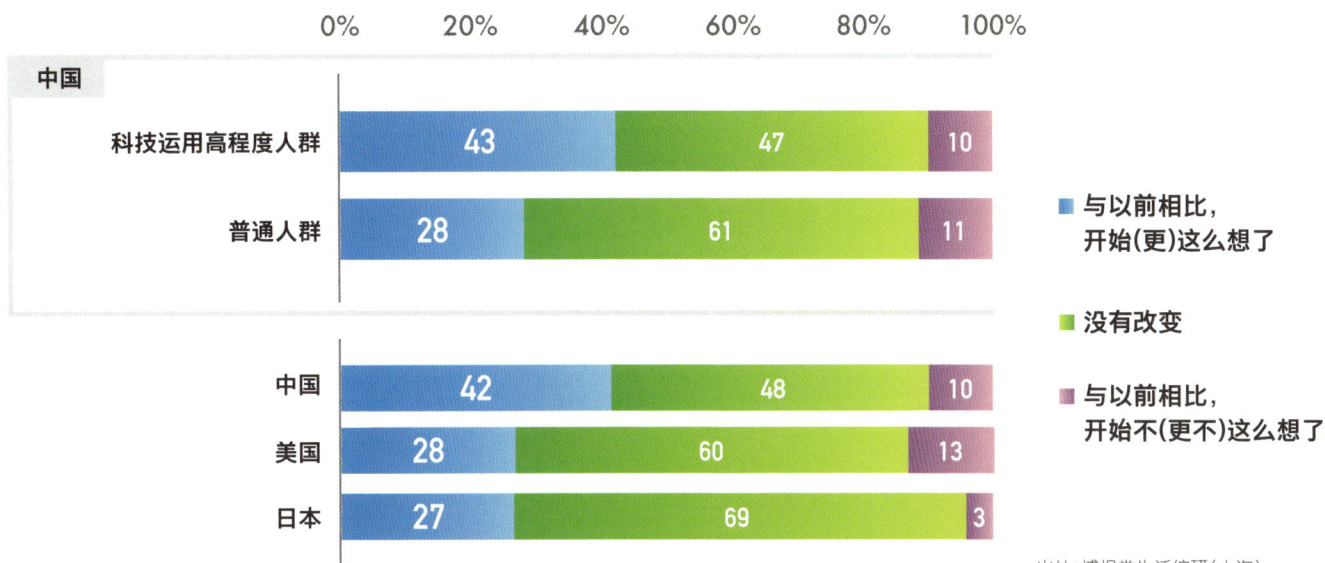

| | 0% | 20% | 40% | 60% | 80% | 100% |
|---|---|---|---|---|---|---|

**中国**

| | | | |
|---|---|---|---|
| 科技运用高程度人群 | 43 | 47 | 10 |
| 普通人群 | 28 | 61 | 11 |

| | | | |
|---|---|---|---|
| 中国 | 42 | 48 | 10 |
| 美国 | 28 | 60 | 13 |
| 日本 | 27 | 69 | 3 |

■ 与以前相比，开始(更)这么想了

■ 没有改变

■ 与以前相比，开始不(更不)这么想了

出处:博报堂生活综研(上海)
【中美日三国科技生活调查】

> 我加很多群都是为了可以拿到优惠,群里的折扣券什么的都是稍纵即逝的,必须抓紧盯着。

**20多岁·女性·上海**

45

# 为了避免被动消费
# 而开始自己费时费心甄选

前面提到，随着科技的日益渗透，大量的消费信息齐齐涌向生活者的结果，使得很多人都感受到了强烈的刺激效应，并逐渐开始产生警惕"被消费"的心理。事实上，为了避免陷入一味消费的被动局面，生活者已经开始有所行动了。

在针对"这两三年来因为科技渗透而有所改变的意识"项目的调查结果中，我们发现，"挑选商品或服务时，开始想要花更多时间考虑了"的人已经占到了半数，而且，越是倾向于科技生活的人，其认同度就越高。同时，中国生活者对于该项目的认同率是中美日三国中最高的。

正如某位表示"我对自己的判断力很有信心，我就喜欢自己分析后再决定买什么"的受访者一样，在消费层面，生活者其实并不一味追求科技带来的"优惠"，他们同时也对由此可能产生的被摆布命运有着清醒的认识，正是出于这种微妙的危机意识，他们才开始自发地在消费选择和决策上投入时间和精力。

## 挑选商品或服务时,开始想要花更多时间考虑了

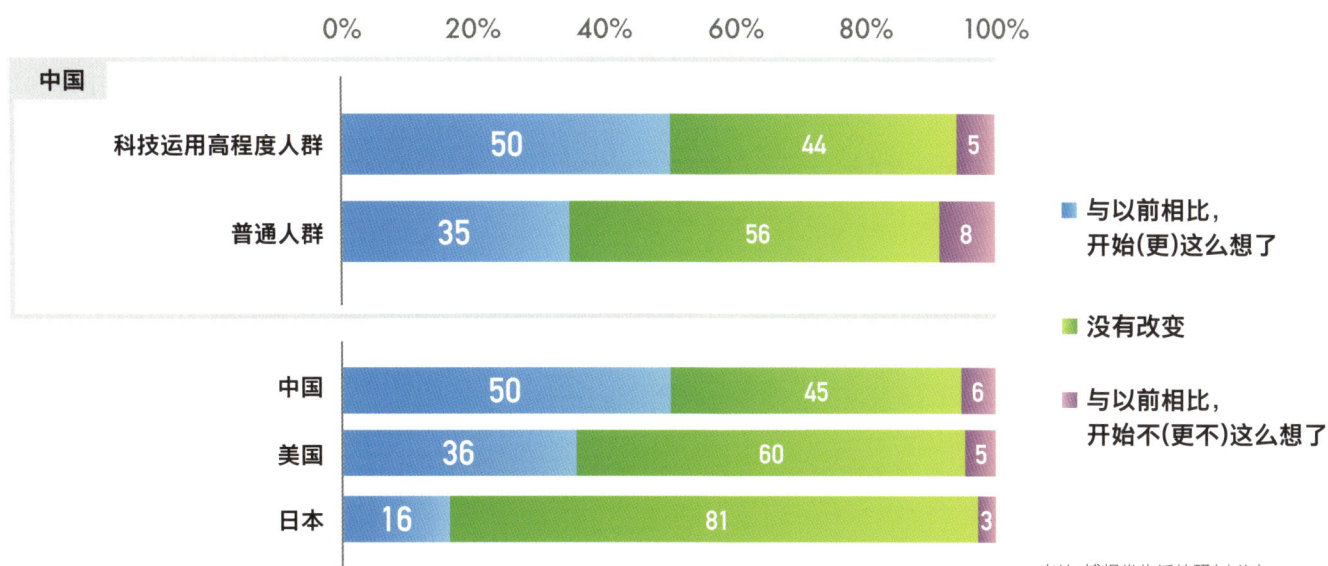

| | 0% | 20% | 40% | 60% | 80% | 100% |
|---|---|---|---|---|---|---|

**中国**

| | | |
|---|---|---|
| 科技运用高程度人群 | 50 | 44 | 5 |
| 普通人群 | 35 | 56 | 8 |

| | | |
|---|---|---|
| 中国 | 50 | 45 | 6 |
| 美国 | 36 | 60 | 5 |
| 日本 | 16 | 81 | 3 |

■ 与以前相比,
开始(更)这么想了

■ 没有改变

■ 与以前相比,
开始不(更不)这么想了

出处:博报堂生活综研(上海)
【中美日三国科技生活调查】

我对自己的判断力很有信心,我就喜欢自己分析后再决定买什么。

30多岁·女性·上海

# 信任的对象范围从亲友熟人层面扩充至机器、人工智能层面

接着来看看信息层面的变化。

调查结果显示,在"这两三年来因为科技渗透而有所改变的意识"项目中,回答"开始比较信任机器、人工智能提供的服务及信息了"的人占到了整体的48%,而且越是能够将科技用于生活的人,其认同程度也就越高。中美日三国的调查结果比较下来,也是中国生活者所占比例最高。

有关是否相信机器这个问题,也有位受访者给出了简单明了的回答:"大数据的好处显而易见,比如说堵车的时候,导航给出的实时信息肯定要比人的驾驶经验可靠。"由此可见,随着科技的日益渗透,人们所信任的对象也不再局限于以往的亲朋好友及熟人范围,而是扩充到了机器及人工智能层面。

## 开始比较信任机器、人工智能提供的服务及信息了

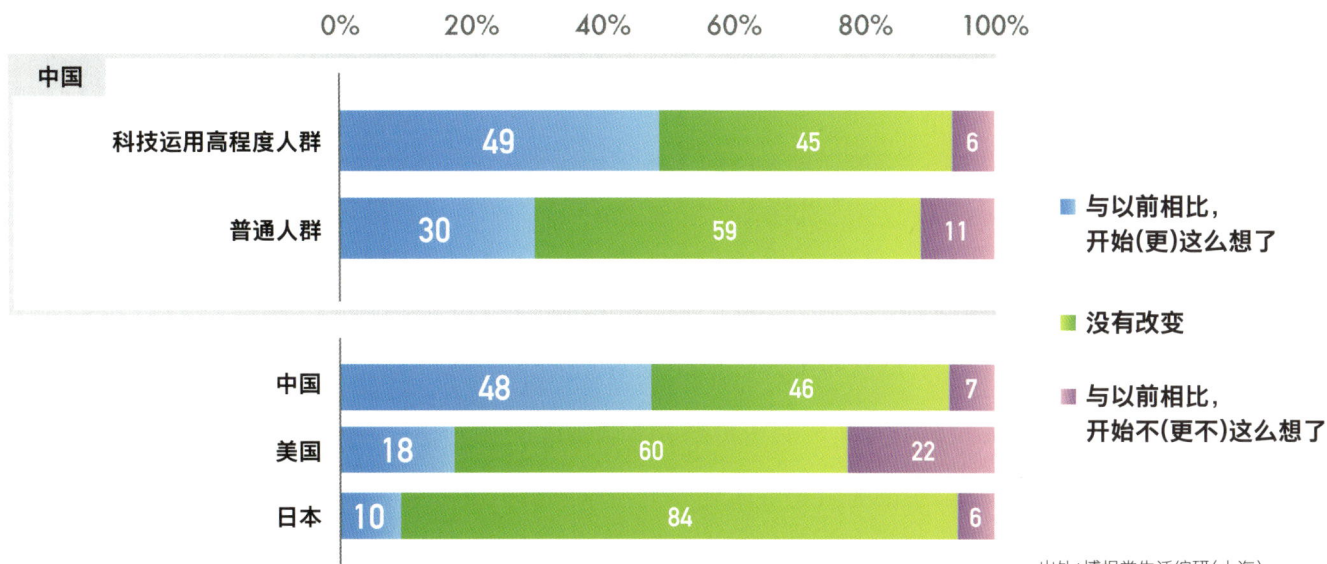

| | 0% | 20% | 40% | 60% | 80% | 100% |
|---|---|---|---|---|---|---|

**中国**

| | | | |
|---|---|---|---|
| 科技运用高程度人群 | 49 | 45 | 6 |
| 普通人群 | 30 | 59 | 11 |

| | | | |
|---|---|---|---|
| 中国 | 48 | 46 | 7 |
| 美国 | 18 | 60 | 22 |
| 日本 | 10 | 84 | 6 |

■ 与以前相比，开始(更)这么想了

■ 没有改变

■ 与以前相比，开始不(更不)这么想了

出处：博报堂生活综研（上海）
【中美日三国科技生活调查】

大数据的好处显而易见，比如说堵车时候，导航给出的实时信息肯定要比人的驾驶经验可靠。

30多岁·男性·上海

# 在机器、人工智能所提供信息的基础上叠加"生活者智慧"

前面已经点明,随着科技的日益渗透,生活者逐渐开启了新的信任模式,开始将他们信任的对象扩充到了机器及人工智能范围。不过,这里我们想要进一步指出的是,生活者并不会就此完全依赖于机器及人工智能,因为事实证明,他们已经开始迈出了新的步伐。

在"这两三年来因为科技渗透而有所改变的意识"项目中,声称自己"开始和各年龄层的人均有交流了"的人占比高达半数左右,而且,越是倾向于科技生活的人,其认同度就越高。与此同时,中国生活者的占比数值再次力压美日两国,显示出最高的倾向性。

正如"不会只看电商网站的排名,而是会在可信度高的鉴定APP上特地找人鉴定球鞋"的受访者所流露的心声一样,生活者已经开始不只听信机器或人工智能所提供的信息,而是开始在更大范围内寻找来自可信之人的意见,以便做出更好的自我决策。

## 开始和各年龄层的人均有交流了

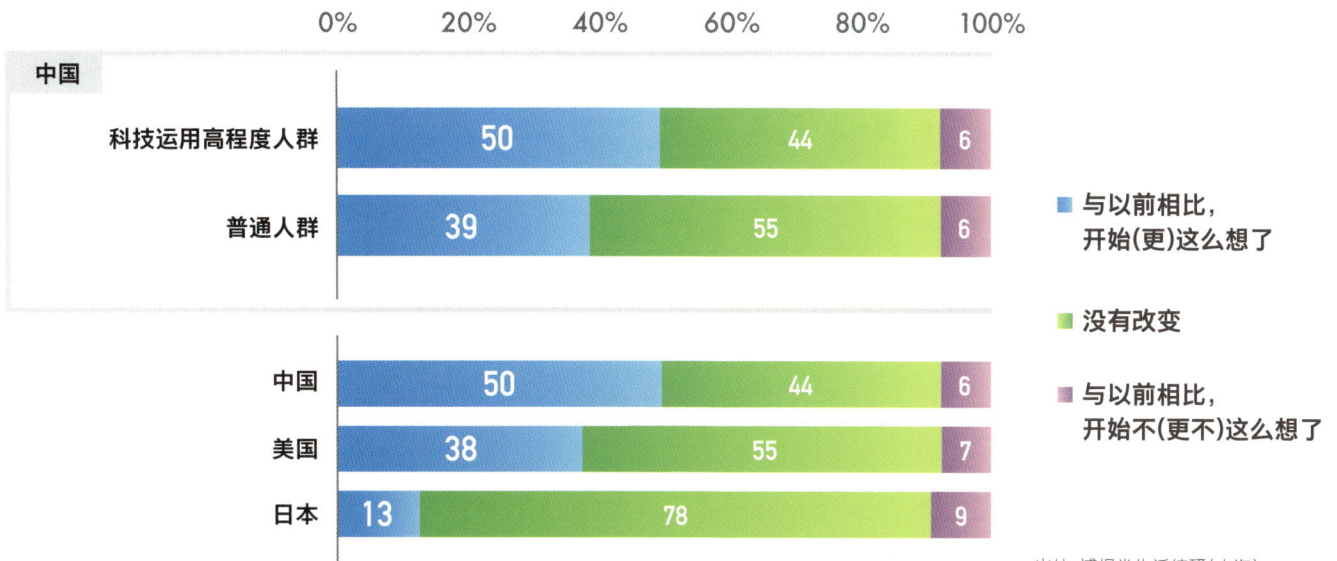

|  | 0% | 20% | 40% | 60% | 80% | 100% |
|---|---|---|---|---|---|---|

**中国**

| 科技运用高程度人群 | 50 | 44 | 6 |
|---|---|---|---|
| 普通人群 | 39 | 55 | 6 |

- ■ 与以前相比,开始(更)这么想了
- ■ 没有改变
- ■ 与以前相比,开始不(更不)这么想了

| 中国 | 50 | 44 | 6 |
|---|---|---|---|
| 美国 | 38 | 55 | 7 |
| 日本 | 13 | 78 | 9 |

出处:博报堂生活综研(上海)
【中美日三国科技生活调查】

不会只看电商网站的排名,而是会在可信度高的鉴定APP上专门找人鉴定咨询。

20多岁·男性·北京

选择鉴别师

累计鉴别已超过 8,377,148 件

多年行业经验 | 9项检测 | 专业正品鉴别

新手必看        鉴别秘籍

鉴定师A    鉴定师B

鉴定师C    鉴定师D

# 生活者并非一味地依赖科技，而是开始依靠自身力量来免于被科技摆布的命运

前面我们分别从生活、消费、信息层面分析了科技渗透带给生活者的变化。

重新梳理一下，就是随着科技的日益渗透，生活者逐渐开始警惕陷入"生活模式化"、"被消费"和"单纯依赖机器及人工智能"陷阱的可能性。或许正是出于这种潜意识的危机感，人们开始"为了避免生活模式化而不断求新"，"为了免于被动的过量消费而费时费心甄选"，也开始学着"不偏听偏信机器或人工智能所提供的信息，而是自发地扩充交流圈，以便更广泛地听取可信人士的意见"。

如此种种，可以说都是为了能够做到不完全依赖科技，免于被科技摆布而开展的实践活动。它们是属于生活者为了获得生活主动权而新掌握的生活技巧。

概括地说，随着科技生活(Technology Life)渗透度的不断加深，中国生活者逐渐孕育出了属于他们自己的一套新的生活技巧(Living Technique)。

科技生活者变化的意义

**Technology Life** → **Living Technique**

逐渐被科技生活
所主导的生活者

通过新的生活技巧
获得科技生活主动权的生活者

| 生活行为模式化 | → | 寻求新的生活刺激 |

| 被动的过度消费 | → | 主动的精挑细选 |

| 信任范围扩至机器和人工智能 | → | 结合科技获取更广泛的"生活者智慧" |

# 为了不在"自动"化的科技潮流中随波逐流，生活者最终选择了凭借"自力"去把控生活

接下来,我们一起来探讨生活者变化背后的欲求所在。

生活者希望在运用科技提高生活效率和尽享生活乐趣的同时,又能够免于被科技,或者说免于被科技的提供方所摆布。也就是说,生活者不想被科技"自动"化,而是想要依靠"自力"来把控自己的生活。

由此也可以说,迄今为止,生活者是满足于接受科技提供方提供的解决方案来"自动"解决问题的,主导权基本掌握在提供方手里;而现在,生活者开始希望通过自己运用科技来"自力"解决问题,相应地,是想把主导权掌握在自己手里。

或许可以说,生活者对于科技的运用意识已经从"自动"转为"自力"了。

# 科技运用意识

# 从"自动"转为"自力"

| | |
|---|---|
| 在科技运用层面<br>被提供方所主导<br><br>**自动解决** | 在科技运用层面<br>由生活者所主导<br><br>**自力解决** |

# 科技生活中诞生的
# 全新"生活之力"

随着科技日益渗透生活,中国的生活者展现出了比其他国家更为积极的科技运用态势,其中尤以数码科技的运用最为突出。

但是,生活者并未因此放任自己在数码科技的浪潮中随波逐流,而是萌生了要凭借自己的力量去解决问题的意识,并开始自发地付诸行动。

**如果我们将"运用数码科技的能力"称为"数字力",同时将"自发解决问题的力量"命名为"自力"的话,两者相加的结果就可以得到一个新词——"数自力"。**

需要进一步说明的是,"数自力"既不属于人工,也不属于数码科技,而是融合了人工与数码科技双方的、可解决各类生活课题的全新"生活之力",也是在科技生活(Technology Life)中诞生的、属于生活者的一种新"生活技巧(Living Technique)"。

# 数自力

依靠自身力量解决
## 自力

充分运用数码科技
## 数字

# 4

# 应对科技生活者
# 变化的市场营销视点

扫码领红包

# 我的科技生活

## "被编码的生活"

照片提供：陈庆宇（中国传媒大学）

# 科技渗透带来的
# 市场营销视点的变化

　　前面我们提到，随着科技日益渗透生活，在中国生活者身上逐渐诞生了一股既非单纯人工又非单纯数码科技，集人工与数码科技于一身的、可解决生活课题的全新"生活之力"，亦即"数自力"。

　　那么，要应对这种变化，市场营销又该如何做出调整呢？因为我们其实已经可以看到，中国生活者今后可能要处理的是更多的线上线下消费信息。接下来，我们就来讲解一下为对应中国的科技生活者所需要把握的一些市场营销要点。

各式各样的商品或服务、

层出不穷的网络信息等,

与消费有关的信息呈爆炸式增长的今天。

理解和把握科技生活者的

市场营销的关键点又在哪里呢?

# 从"新能源智能汽车用户"
# 看新的【购买过程】

A先生是一位34岁的男性,现在某外资办公用品公司任职,与太太及10岁的孩子一起住在上海市郊。

他的第一台车就是搭载有互联网系统的插电式混合动力车,其声控功能令他尤为满意。

"新能源智能汽车用户"A先生

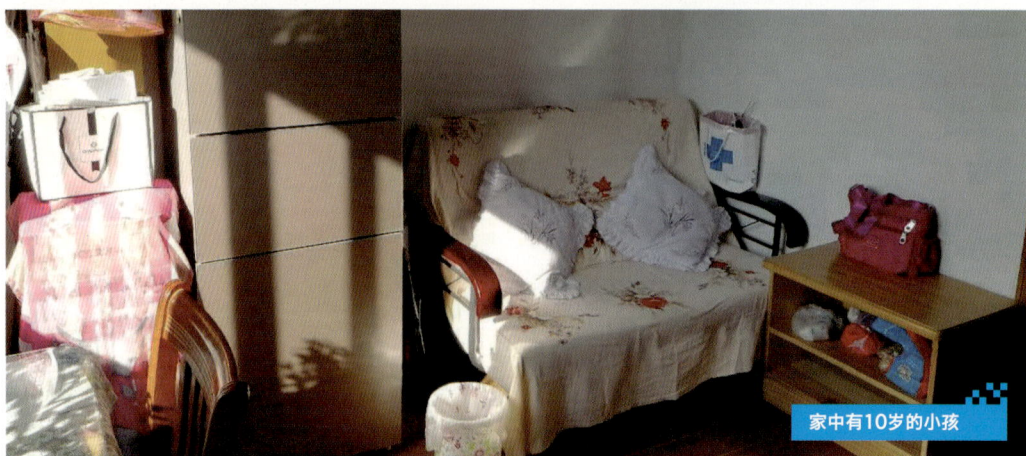

家中有10岁的小孩

## 〉 对现有的信息源持怀疑态度

当我们询问他是如何购车时,他说了以下一番话:"官网信息其实就像电影的预告片,放大好的地方,隐藏不好的地方,不知道应该相信多少。但是,实际在用的用户所说的还是可信度很高的。"

## 〉 善用汽车用户群获取信息

A先生在买车时就充分借用了现有用户的微信和QQ群的力量,他说:"我比较相信现有用户的发言,因为群内的人之间没有利益关系,也没必要撒谎。另外,因为用户数比较多,我可以自己主动问其他用户,他们也会告诉我实际体验怎么样,比较可信。"

车友会

车友会活动

## 〉 在获取信息的同时也为他人提供信息

"自己买好车后,也会根据自身经验,为其他准备购车的人提供参考意见。因为这样能帮助别人,还是很开心的",所以A先生有时会提问,有时会被问,一直都活跃在用户群里。

## 意在确认自己
## 非标准化个别疑问的
# 「提问行为(Ask)」

正如A先生的例子所示,如今,在中国生活者的购买过程中产生了一个「提问行为(Ask)」。

这种「提问行为(Ask)」产生的主要背景是,随着科技商品和服务的发展,不管是电商网站,还是问答网站,或者社交网络上的用户社区等,都在客观上大大降低了生活者进行提问的门槛。

在以往的购买过程中,「信息收集行为」曾经扮演着类似中心环节的重要角色,但现在,立足于信息提供方视点上的「信息收集行为」貌似已经不能满足生活者的需求了,他们已经开始转向从自己的视点出发,通过「提问行为(Ask)」来主动挖掘信息。

这或许是因为生活者总有某些无法完全标准化的个别需求或疑问。也因此,他们不再满足于科技送出的"自动"信息,而是开始"自力"提问来寻找答案。

实际上,这样的「提问行为(Ask)」,正是生活者在购买过程中发挥"数自力"的表现之一。

## 为了寻求更贴近「自我视点的信息」，
## 生活者开始付诸「提问行为」

从提供方视点的信息中搜索的
### 「信息收集行为」

意在发掘符合自我视点信息的
### 「提问行为」

---

## 不再满足于"机械性"信息，
## 而是致力于"人工"提问来寻求答案

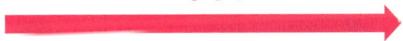

**不安**

| 基于提供方视点的"机械性"信息 | 无法标准化的只属于自己的个别疑问 |
|---|---|

**满足**

| 基于提供方视点的"机械性"信息 | ➕ | 通过"人工"提问行为来寻求只属于自己的个别答案 |
|---|---|---|

# 从"退货达人"
# 看新的【购买过程】

27岁的B女士是上海的一名幼儿园老师,新婚不久。

她很喜欢新事物,也喜欢将家里整理得井井有条而又不失时尚。

"退货达人" B女士

整洁的餐桌

## ❯ 在单调生活中不断寻求新事物

当我们问起她的日常生活,她说:"我总是在寻找适合自己的东西。因为每天的工作总是一成不变,所以总想要有点变化。我想要能给每天的生活带来变化的东西。"

## ❯ 除了过度消费之外,
## 也有过因轻信网络信息而失败的购物经历

B女士在"买买买"的辉煌经历中,也遇到过较多的购物失败的情况,她是这么说的:"每天至少有两个小时是花在买东西上的。因为装了很多购物APP,看了就总是想买。每个月的花费都比过去翻倍了。刚开始的时候,也有过不少因为轻信网络信息而购物失败的经历"。

拥有大量化妆品

一次性购入多件同类型商品

## ❯ 为了避免失败,会以退货为前提,
## 同时购入多件同类商品

她还告诉我们:"最近买东西时,我总是抱着试试看的想法,同类的商品也会多买几件,这样一来就不太会失败了。所以,我现在买东西,首选那些可以无条件退货的。"事实上她也是这么做的:为了不失败,总是多件商品一起买,不行就退货。

# 意在确认自己
## 非标准化个别需求的
# 「尝试行为(Try)」

B女士的例子可以说明，中国生活者如今的购物过程中多了一个「尝试行为(Try)」。

这个「尝试行为(Try)」产生的背景则是，随着科技商品与服务的发展，不管是电商网站的退货服务，还是共享租赁服务，或者每天的优惠券推送等，都给生活者提供了容易尝试的购物环境。

在以往的购买过程中，「信息收集行为」曾经扮演着类似中心环节的重要角色，但现在，单凭「信息收集行为」已经无法再贴合一些属于个人讲究范畴的需求了，所以生活者才选择了采取「尝试行为(Try)」来加以确定。

这或许是因为生活者总有某些无法完全标准化的个别需求的缘故。也正因如此，他们不再满足于科技送出的"自动"信息，而是开始"自力"尝试，来消解由于猜疑是否适合自己而产生的不安。

这种「尝试行为(Try)」，实际上也是生活者在购买过程中发挥"数自力"的表现之一。

# 为了确实消除「只属于自己的个别需求」顾虑，
## 生活者开始实施切实的「尝试行为」

| 基于「信息收集行为」的 消费决策 | 基于切实「尝试行为」的 消费决策 |
| --- | --- |

# 不再满足于科技所提供的"机械性"信息，
## 而是致力于"人工"尝试来消除顾虑

**不安**

| 基于提供方视点的 "机械性"信息 | 无法标准化的 只属于自己的个别需求 |
| --- | --- |

**满足**

| 基于提供方视点的 "机械性"信息 | ＋ | 通过"人工"尝试行为来 确认只属于自己的个别需求 |
| --- | --- | --- |

# 从"上门服务使用达人"看新的【购买过程】

上海的C女士现在某外资企业工作,孩子刚满一岁。

她住在市中心的某高级公寓里,家中配备有各种物联网设备,过着十分精致的生活。

"上门服务使用达人"C女士

将旅游中看到的美景作为自己作画时的素材

## ❯ 因为忙于工作和育儿，
## 不管是购物还是使用服务都想在家解决

我们问起她平日的生活时，她说："平常工作、带孩子都很忙，几乎没有自己的时间。去店里不仅路上要花时间，到了可能还要排队等，所以不管是买东西还是利用服务，我都会通过APP，让他们快递上门或者叫到家里。"

## ❯ 在自己家中或办公室利用上门服务的话，
## 更容易掌握时间

C女士表示，有了上门服务之后，她只要在家里或办公室就可以"坐享其成"了，感觉非常满意："就像美甲美容、按摩等，我也订购了定期的上门服务，或者在家里，或者在办公室。这样，工作、看孩子和享受服务就可以互不耽误了。比起以前，我更能控制自己的时间了。"

自由挑选美甲师

在家接受美甲服务

## ❯ 完美融合了人工和机器的服务
## 才是我心目中的优质服务

她还说到，"我个人的理解是，机器提供的服务是标准的、平均的，人工服务则能更好对应个人需求，就像定制。对于我来说，单有机器或者人工的话，哪个都不够，只有像现在用的APP，正因为很好地融合了人工和机器，才能满足我的需求。"看来，对于她来说，只有集人工与机器为一体的、能够充分满足她的个性化需求的服务，才称得上是她心目中的好服务。

# 迎合以自己为中心的
# 非标准化个别要求的
# 「任性行为(My way)」

参照C女士的例子可知，在中国生活者如今的购物过程中，已经开始产生一种「任性行为(My Way)」。

这种「任性行为(My Way)」产生的背景则是，随着科技商品和服务的发展，以上门服务为中心，包括外卖配送及24小时营业服务等在内的服务行业的进化，使得生活者可以很容易地就能按照自己的意愿来享用各种服务。

在以往的购买过程中，选择这一行为更多是围绕着提供方开展的，基本属于企业主导；但现在，生活者已经不再愿意只是顺从地配合企业，从其提供的标准化选项中做出有限的选择，而是希望能够更多按照自己的心意来利用服务，亦即做出"生活者主导"型的消费决策。

这或许是因为生活者总有某些无法完全标准化的个别需求的缘故。也正因如此，他们不再满足于科技送出的带有"自动"分配意味的消费选项，而是开始按照自己的心意来"自力"定制一些更能满足自己的消费选项。

这种「任性行为(My Way)」，实际上还是生活者在购买过程中发挥"数自力"的表现。

## 以生活者为中心的「生活者主导型」的
## "任性"选择基准

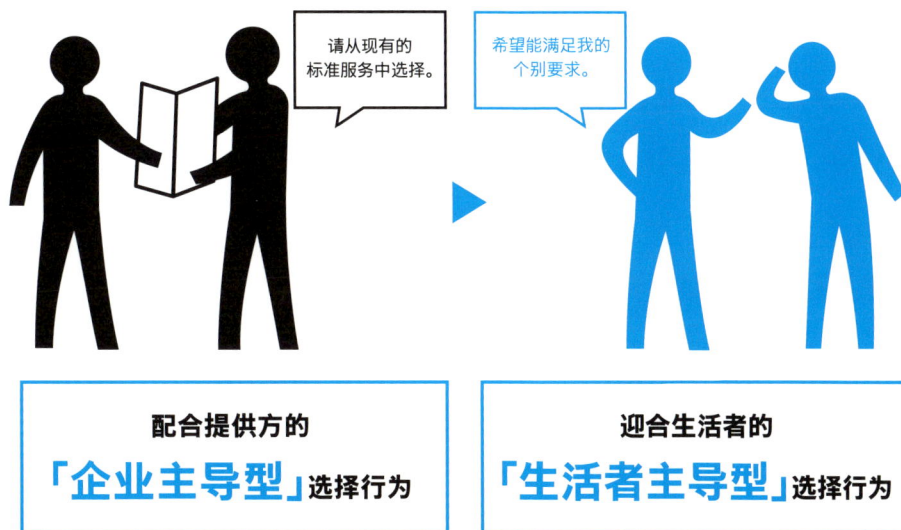

请从现有的
标准服务中选择。

希望能满足我的
个别要求。

配合提供方的
## 「企业主导型」选择行为

迎合生活者的
## 「生活者主导型」选择行为

## 照顾到"任性要求"的人性化服务
## 可以消除使用时的不满

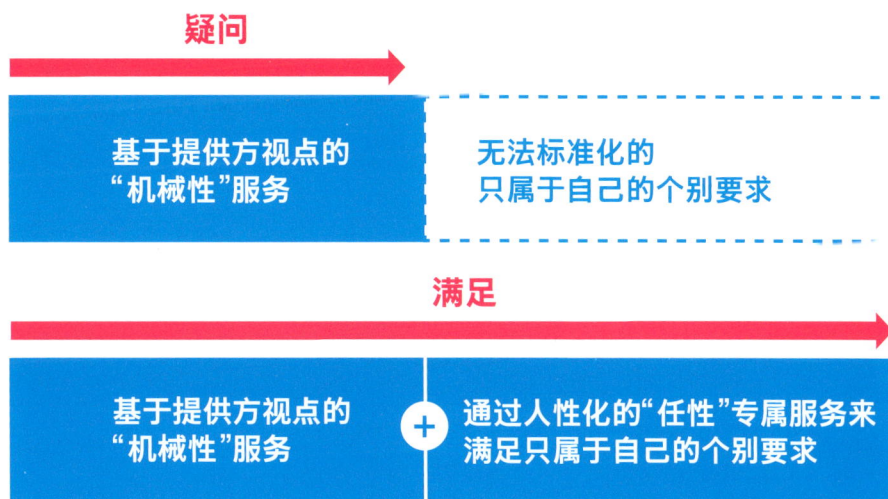

疑问 →

| 基于提供方视点的"机械性"服务 | 无法标准化的只属于自己的个别要求 |
|---|---|

满足 →

| 基于提供方视点的"机械性"服务 | + | 通过人性化的"任性"专属服务来满足只属于自己的个别要求 |
|---|---|---|

# 科技生活者的消费过程中所诞生的新消费行为——"ATM行为"

前面我们已经详细说明，在科技充分渗透的中国生活者的消费体验中，又诞生了「提问行为(Ask)」、「尝试行为(Try)」、「任性行为(My way)」三个行为要素。我们将这些新的消费行为，分别取其英文首字母拼在一起，统称为**"ATM行为"**，而对应这套"ATM行为"的新的市场营销模式，就是我们下面要讲解的**"ATM市场营销"**。

"ATM市场营销"有哪些要点呢？

随着科技的发展，中国生活者虽然一方面沉浸在科技带来的"自动"标准化服务中，另一方面也开始想要"自力"去满足那些只属于自己的无法完全标准化的个别需求，**"数自力"**这一全新的"生活之力"也因此应运而生。

而生活者的那些"极小众的个别需求"，总是容易被倾向于标准化机械化对应的企业所忽略。但其实，再仔细一想则不难发现，中国拥有大约14亿的庞大人口，如果换算成市场规模的话，即便是再细微的需求，实则也蕴藏着不容忽视的商机。

我们认为，对于那些单靠自动化、标准化的科技服务已经无法满足的生活者个别需求来说，只有通过构建融合机器与人工之力，并融入"ATM"要素的服务体系，才能做到充分满足生活者的需求，这也正是今后开展市场营销活动时必须注意的关键所在。

# 应对科技生活者的市场营销新视点

科技生活者的变化

科技运用
被提供方主导

**数自力**

科技运用
由生活者主导

**自动**解决 ⟶ **自力**解决

科技生活者的新消费行为"ATM行为"

**A**sk
「提问行为」

**T**ry
「尝试行为」

**M**y way
「任性行为」

# ATM市场营销

## 「提问行为(Ask)」攻略
# 构筑获取新用户的CRM

为了能让大家更好地理解ATM市场营销的具体做法,在此,先引用某个企业的事例来讲解一下针对「提问行为(Ask)」的攻略视点。

某数码科技产品厂商的做法是,根据自家产品用户在会员论坛中的活跃度进行会员等级的管理,然后对等级高的会员提供新产品的早期试用机会。参加试用活动的会员会积极地在论坛上发布自己的使用体验,并与其他的潜在顾客进行交流,结果不仅有效地促进了潜在顾客在选购过程中的「提问行为(Ask)」,更间接形成了一个可以经由既有用户群来获取新用户的良性循环。

再来解析一下这个例子告诉我们的「提问行为(Ask)」攻略的要点所在。

以往的CRM(Customer Relationship Management),主要被视为是为了获取既有用户的重复购买而实施的市场营销手法。但是,如果将其用作对应生活者"数自力"的一环,即「提问行为(Ask)」攻略的话,则CRM就可以进化成为「提问行为(Ask)」的源泉——通过优待老用户来获取新用户的一种新的体系,而该体系一旦发挥作用,新的商机自然也就随之产生了。

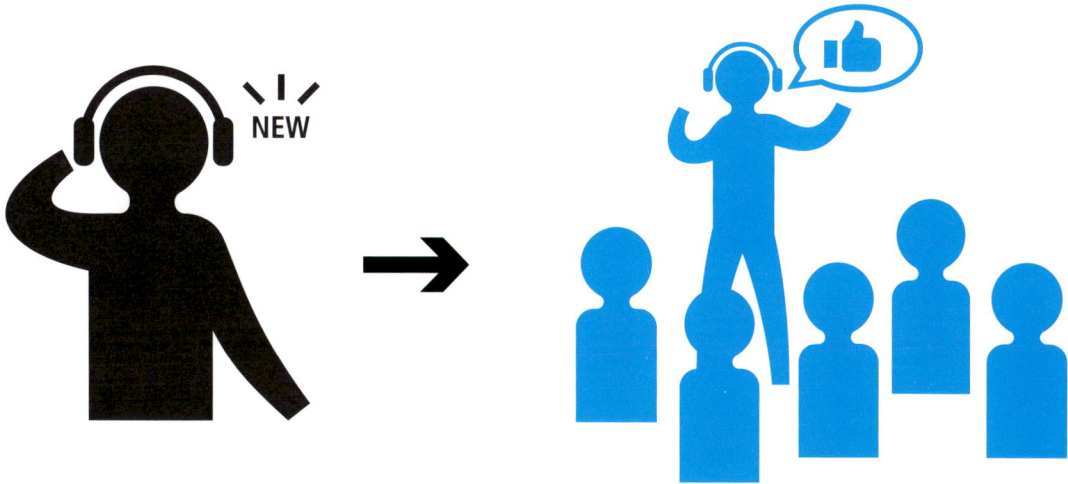

## 事例 ──────── 数码科技产品厂商的案例 ─

### 通过应对「提问行为(Ask)」开拓新用户

对于资深用户提供
新产品的发布前测试资格
▶
通过事前体验用户
所发布的体验感受,
获取新用户

## 「提问行为(Ask)」的攻略视点

**传统的CRM**      **ATM型CRM**

以获取现有用户的
重复购买为目标的CRM
▶
通过优待现有用户来
获取新用户的CRM

## 「尝试行为(Try)」攻略
# 创造开放性试用场景

接着再来看看第二个ATM市场营销的实施方法，也就是针对「尝试行为(Try)」的攻略视点。以下同样会结合某企业案例来展开具体说明。

某电商企业正试图将业务范围从一般消费品的销售扩充至汽车等耐用品领域。因为注意到以往的汽车试驾体验总是对车型、场地、试驾时间有所限制，使得用户的体验欠佳，该企业就放开了试驾限制，不仅提供多个品牌的多种车型试驾，还专门开辟了用户可以慢慢享受试驾的场地，结果大获成功，赢得了众多的新车购买用户。这个案例之所以能够成功，正是因为它着眼于促进汽车潜在用户选购过程中的「尝试行为(Try)」，给顾客创造出了新的试用场景。

再来解析一下这个例子告诉我们的「尝试行为(Try)」攻略的要点所在。

以往的汽车行业所提供的尝试体验，也就是试驾，通常都是着眼于新用户的获取，品牌也都局限于自家品牌范围内，只能说是"私家尝试"。但是，如果将其用作对应生活者"数自力"的一环，即「尝试行为(Try)」攻略的话，则大可以选择优先生活者的需要，试着与其他厂家一起，通过为用户们提供"公共试驾"的机会来赢取新的商机。

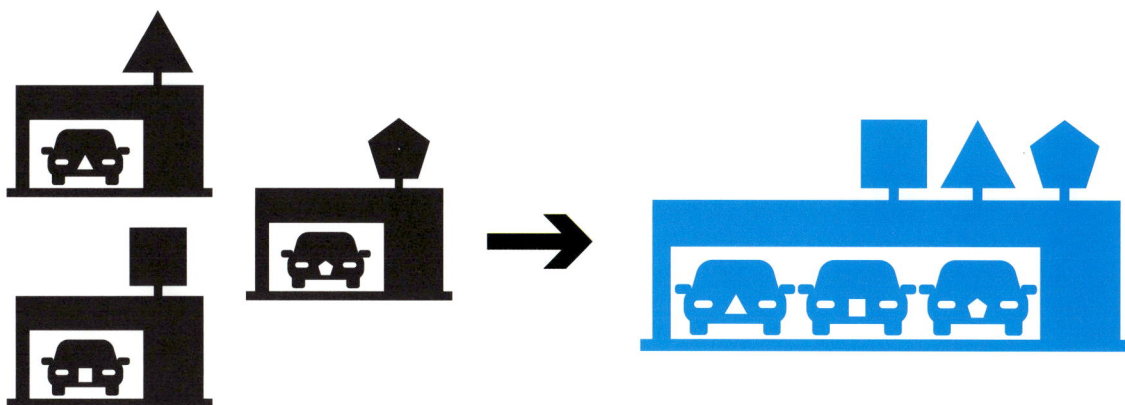

## 通过应对「尝试行为(Try)」获取新用户

传统4S店可试驾
车型、时间有限

▶

通过提供
多品牌、多车型的试驾服务
来吸引潜在购车者

## 「尝试行为(Try)」的攻略视点

| 传统的试用 | ATM型试用 |
|---|---|
| 限定在自家产品范围内的"私家尝试" | 接受与其他厂家做比较的"开放性试用" |

# 「任性行为(My way)」攻略

# 打造满足"任性"的专属服务

在最后,我们想向大家介绍关于「任性行为(My way)」的攻略视点。我们同样先来看一个成功案例。

某新能源汽车厂商的运作模式有点特别。不同于传统的汽车厂商,它所有的服务都是通过APP来提供和管理的。不仅如此,每个顾客都配有个人专属顾问,负责全方位对应解决顾客的所有问题。这个广受好评的顾客顾问体系,其实正是通过给顾客提供融合人工与机械之力的"专属服务",来促进顾客的「任性行为(My way)」,从而获取用户的高度满足。

再来解析一下这个例子告诉我们的「任性行为(My way)」攻略的要点。

以往对于多数汽车厂商来说,不管是APP还是实体店销售人员、技术人员或者呼叫中心,大家几乎都是分头行事、各司其职。但是,如果能试着按照攻略生活者"数自力"的一环,即「任性行为(My way)」的做法要求,优先方便生活者,以APP为中心,将所有服务的相关方都无缝连接在一起的话,就能打造出一个可以对应客户个别需求的"专属"服务体系,从而衍生出新的商机。

**APP** + →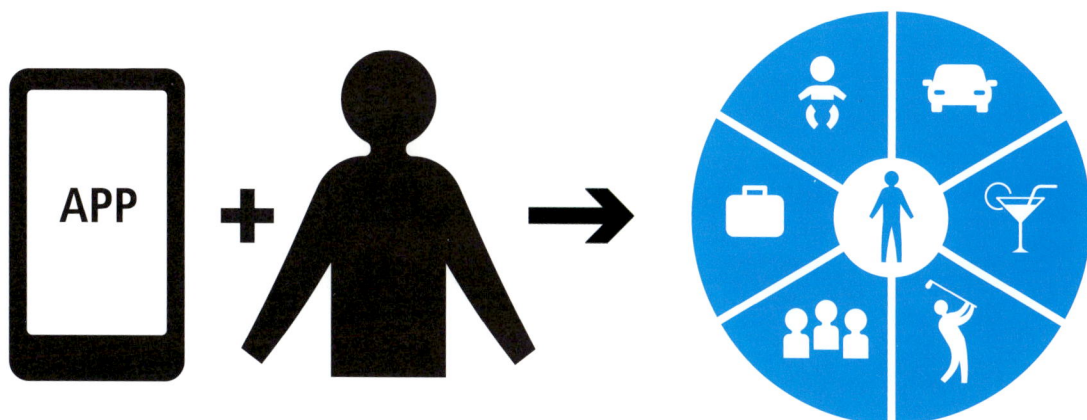

新能源汽车厂商的案例

## 通过应对「任性行为(My way)」提高用户满意度

所有服务通过APP统一提供和管理，
每位用户配专属顾问，
由其负责全方位对应

▶

通过提供融合人工与机器之力的
"专属服务"来提升顾客满意度

## 「任性行为(My way)」的攻略视点

**传统的服务体系**

**ATM型"专属服务"体系**

APP、销售人员、
技术人员、呼叫中心等
各部门各司其职

▶

以APP为核心，
将各部门进行无缝连接
对应客户个别需求

对于中国科技生活者变化的洞察

# 数自力

依靠自身力量解决

## 自力

充分运用数码科技

## 数字

# ATM市场营销

**满足今后生活者无法标准化的
个别需求的市场营销手法**

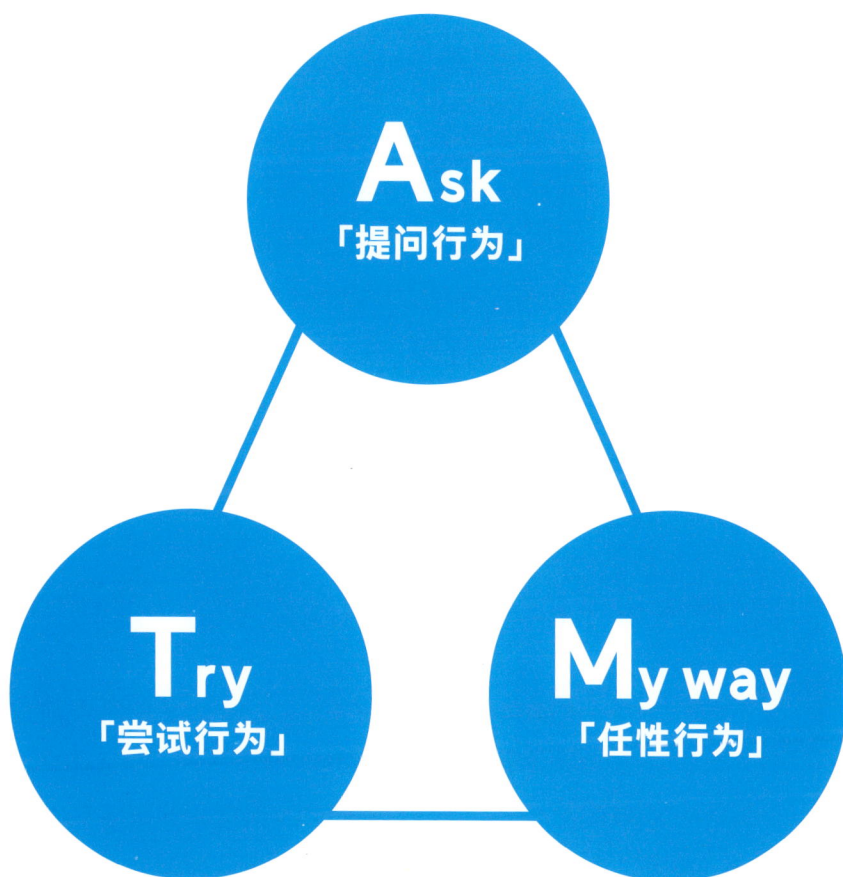

**A**sk
「提问行为」

**T**ry
「尝试行为」

**M**y way
「任性行为」

"ATM市场营销"能够对应拥有了"数自力"的生活者的"无法标准化的个别需求"，

是一个集机器与人工之力于一身的服务体系，

也是一个有助于今后理解和把握中国科技生活者的市场营销新视点。

某电商平台

# 数据分析师

## Q 随着科技对生活的日益渗透，生活者发生了怎样的变化？

　　源于美国的电商科技来到中国，使得中国的消费市场发生了翻天覆地的变化。现在中国的电商市场在规模上已是世界第一，而造成这一现象的原因正在于人们旺盛的消费欲望，以及个性化消费所带来的消费升级。

　　随着数码科技的进化，人们的消费需求也在日渐标准化，所以在线服务可以满足这些需求。消费者也非常认可机器服务带来的方便、便宜这两个特性。

　　另外，看中国的电商网站就会明白，页面中各种商品、服务的信息看似杂乱无章，但从使用者的角度出发，从众多的信息中筛选出符合自身需求的商品和服务也未尝不是一种消费的乐趣。可以说，现在人们的消费行为正在从迫于需求的消费转向享受生活的消费。

> **从看似繁杂的电商网站中，**
> **生活者可以体会到类似"挖宝"的消费乐趣。**

## Q 购买、使用商品和服务时的重视点发生了怎样的变化？

　　手持科技这一法宝的中国消费者对于提供商品和服务的企业、物流的要求也在日渐提高。他们灵活地运用社交媒体中的信息，对商品和服务的性能、价格、促销活动进行着里里外外的调查。他们的智慧也日益增长，单纯以品质见长的商品已经无法满足他们的需求，他们所需要的是在最佳的时机(促销期)通过最佳的方法(折扣、优惠券、代购等)来进行购买这样复合型的消费刺激体验。

　　另一方面，人们开始对一味听从机器或媒体的推荐草率地购买商品和服务这件事出现了抵触心理。消费水平稳步提高的中国消费者，逐渐变得以自我为中心，不再满足于标准化的、有限的商品和服务，而是更喜欢配合时机、场合，按照自己的需求来选择商品和服务。这可以理解成人们正逐渐养成一种可称之为"任性"的消费风格。

> **机械化标准化的服务已成过去，**
> **"任性"消费开始大行其道。**

# Q 作为企业方，今后该如何更加有效地发掘生活者的消费需求？

　　中国消费者对服务的要求正日趋提高。造成这一现象的原因主要有两点：一是经济发展过快导致收入阶层分化，造就了生活消费价值观的多元化，个人需求层出不穷，花样繁多。企业如无法巧妙应对这些琐碎的需求，就会错过相应的商机。

　　第二个原因是，在中国一旦诞生新市场，众多同类企业就会一拥而入，大大激化业内竞争。因此，企业也具有很强的危机意识，时常觉得一旦停止新产品新服务的研发就会被竞争对手赶上甚至超越。以外卖行业为例，某外卖企业刚推出"30分钟必达"的服务，友商就紧接着喊出"29分钟必达"的口号。这样的光景应该是中国市场绝无仅有的。企业如果不努力提高自己的服务品质，就无法满足消费者，就会被竞争对手夺走市场。

　　此外，电商行业中人工服务的重要性也正变得日益显著。像投诉应对、退货处理这样仅凭机器无法解决，需经由人与人之间对话才能解决的情况也正变得越来越多。对于消费者琐碎的订单需求，我们需要通过真诚的倾听才能够应对解决。换言之，对于"由人提供，服务于人"的人工服务的需求已经萌发了。

**生活者的"任性"需求造就市场，
对于机器无法应对的人工服务的需求正在日益高涨。**

" 消费者的非标型需求之声中蕴藏着巨大的商机。
仅凭机器与系统之力
就可以解决问题的时代已经结束。"

某外卖平台

# 数据营销高级总监

## Q 为什么在中国,科技对生活的渗透正变得如此迅速?

在中国,之所以科技对生活渗透得如此迅速,与其说是因为方便,不如说是因为高性价比。一直以来,中国人就非常重视"性价比",这也几乎成了企业的金科玉律。中国经济腾飞还只发生在最近这二三十年,许多人对于富裕生活还只是刚开始有点实际感受,认为中国仍是发展中国家的意识还很强。

另一方面,90后、00后这样的年轻人则不拘泥于旧有观念,愿意付出更多金钱来追求更高品质的商品。特别是被称为"数字原生代"的90后,他们更加关注科技产品,比起品牌、传统和历史,更愿意根据科技的先进程度来挑选商品和服务。

中国外卖服务的市场开拓突破口也正是这批年轻人。他们早在大学时代就开始使用外卖服务,渐渐已经将叫外卖当成一种生活习惯。即使走上社会,结婚生子,社会角色发生了变化,他们叫外卖的频度也不会因此降低。

年轻人不仅带动了外卖市场的扩大,还影响他们的父母长辈来运用科技消费,这样一来,就带动消费观念也发生了很大的变化。

**年轻群体一方面在引领数码科技的运用风潮,一方面还影响着他们的长辈群体。**

## Q 随着科技的普及,生活者将会发生怎样的变化?

中国的消费者从以前开始就有着很强的跟风意识。很多人甚至会随大流模仿别人的消费行动来决定自己的生活方式。然而随着信息社会的形成,越来越多的人发现,使用信息技术可以实现自主建立更合乎自身真实需求的生活方式。这也可以说是中国消费的多样性所导致的结果。

此外,中国消费市场的竞争也正日趋激化。"商品好就卖得好"的时代被认为已经结束。要吸引消费者买单,就需要细致入微的服务和时机巧妙的市场营销。企业也已经不能对伴随消费者个性化需要诞生的个别"微需求"视而不见。相反,在当下企业营销人员必须重视这些由"微需求"孕育的市场可能性。还有,巨大的人口基数与地方城市市场的巨大潜力对众多的企业来说仍然充满着魅力。在应对中国生活者个性化需求方面的缺口,以及即使是1%的市场份额就足以形成一个巨大市场这样的魅力点等等,这些因素共同构筑起了中国市场的独特性。

**Q** 为了今后能创造新市场，应该如何定位机器和人之间的关系？

我们日常工作中很多时间都是在与数据打交道。很多时候负责销售的人员也都是看着市场的平均值来构思策划商品和服务。但我个人觉得，现在大数据的世界里，平均值或是排行榜已经变得没那么重要了。

比如去年的某个晚上，我们平台上突然出现了前所未有的大量订单。团队一起通宵进行了分析研究，终于发现原因在于当天晚上，某著名游戏公司正好发布了新游戏。从这个例子中，我们"顿悟"到看数据除了要看平均值，更要看异常值。看异常值更能发现新的市场需求。

近年来随着人们和社会整体环保意识的逐步提高，公司也开发并向相关的企业提供了易降解的塑料袋和用谷物制作的可食用餐具。机器只能提供标准化的服务，由人思考策划的服务正变得越来越重要。人容易失误这个弱点，需要由机器来弥补，而机器无法解决的非标准型服务，也需要由人来应对。因此我觉得，从今往后的市场营销，一定将会是一个更加追求机器和人的有机结合的时代。

混杂在平均值中的异常值中蕴藏着商机。
今后市场需要的将是机器与人有机结合后的服务。

"
一贯平稳的数据流中某天突然出现了异常值。
虽然这种情况容易被忽略，但仔细探究之下，
却往往可以发现新的商机。
"

# 本书所涉调查数据均来自以下
# 博报堂生活综研(上海)的自主调查

## 「中美日三国科技生活调查」

**调查城市**

中国： 一线城市（北京、上海、广州）

二线城市（天津、成都、重庆、武汉、西安、郑州）

美国： 纽约、洛杉矶、芝加哥

日本： 关东、关西、东海地区

**调查对象**

各国拥有智能手机的20~59岁男女

中国一线城市 家庭月收入 7,000~30,000元

中国二线城市 家庭月收入 5,000~20,000元

※美国、日本未设收入条件

**样本数**

中国：2,000人

美国、日本：各1,000人

**调查方式**

网络调查

**调查时期**

2018年10月

**调查机构**

乐天INSIGHT株式会社

## 「先端科技生活者家访调查」

**调查城市**　上海、宁波
**调查对象**
高频退货用户
共享/租赁服务的高频用户
上门服务高频用户
新能源智能汽车用户
物联网家电用户
**样本数**　5人
**调查方式**　家庭访问
**调查时期**　2018年10月
**调查机构**　央视市场研究股份有限公司(CTR)

## 「普通科技生活者小组访谈」

**调查城市**　上海、常州
**调查对象**
语音控制功能 每周使用一次以上
网络服务 每周使用一次以上
智能家电 每周使用一次以上
共享服务 使用过一次以上
**样本数**　8人
**调查方式**　小组访谈（4人 x 2组）
**调查时期**　2018年10月
**调查机构**　央视市场研究股份有限公司(CTR)

# 【后记】

## 中国科技方上百尺竿头，
## 中国生活者早已更进一步

博报堂生活综研(上海)的"生活者动察"研究项目始于2012年，首部研究报告问世于2013年，做到本年度，已是第六个年头。过去五年间，每年我们都努力试着转换不同角度去观察生活者，洞察生活者捉摸不定的内心世界，力图捕捉瞬息万变的时代印记。

今年，我们"动察"的主题是「科技生活」。不知从何时起，中国科技生活的进步开始备受瞩目，近年来这种关注的热度更可说是有增无减。也因此，对于今年该如何开展洞察研究，又该如何进行市场方面的提案，我们可以说是深感其难。

其难之一在于，我们虽是研究生活者的专业人士，却并非研究科技的专业人士。也因此，我们决定把研究科技这件事留给与科技相关的企业，自己专注于研究生活者与科技的关系。在本次的"动察"研究中，我们实施了「中美日三国科技生活调查」、「普通科技生活者小组访谈」以及「先端科技生活者家访调查」等众多调查，承蒙多方协助，我们才觅得了许多用于攻克难题的宝贵灵感。

在此，首先要特别感谢自博报堂生活综研(上海)成立之初就鼎力相助的中国传媒大学广告学院。在本次研究活动中，我们依旧获得了来自广告学院师生们的极大帮助。他们为我们提供了面对当代大学生的宝贵访谈机会，还协助拍摄了大量名为「我的科技生活」的摄影作品，为我们的书籍内页留下了重要的图像资料。我们还听取了一些IT相关业内人士的专业意见，他们的真知灼见也引领着我们找到了本次"动察"研究的突破口。在我们攻克难关的道路上，承多方垂青，不胜感铭。在此不能一一列举，谨借此机会表示衷心的感谢。

在本书中，我们将充分运用数码科技，凭借自己的力量去解决生活课题这一生活者的变化，用代表数码的"数字"和代表自我力量的"自力"加以组合，概括定义成"数自力"一词。对于已经掌握了"数自力"的中国科技生活者，我们也针对其特有的「提问行为(Ask)」、「尝试行为(Try)」和「任性行为(My way)」构思了全新的营销切入点："ATM营销"。希望"ATM营销"作为新的市场营销视点，可以抛砖引玉，带动更多相关的思考与探讨。

通过本次的"动察"研究，我们不仅充分认识到了中国科技生活的进展之快，更从中发现了中国生活者先人一步的全新生活之力——"数自力"。真可谓是：中国科技方上百尺竿头，中国生活者早已更进一步。

我们希望今后也能尽自己的一份绵薄之力，继续关注、研究不断进化的中国生活者，以期为广大同仁带来更多行之有效的市场营销视点提案，也敬请诸位继续关注和支持我们。

博报堂生活综研(上海)　全体研究员

# Side Reader

## 「中美日三国科技生活调查」 数据集

**调查城市**

中国：　一线城市（北京、上海、广州）
　　　　二线城市（天津、成都、重庆、武汉、西安、郑州）
美国：　纽约、洛杉矶、芝加哥
日本：　关东、关西、东海地区

**调查对象**

各国拥有智能手机的20~59岁男女
中国一线城市 家庭月收入 7,000~30,000元
中国二线城市 家庭月收入 5,000~20,000元
※美国、日本未设收入条件

**样本数**

中国：2,000人
美国、日本：各1,000人

**调查方式**

网络调查

**调查时期**

2018年10月

**调查机构**

乐天INSIGHT株式会社

# 智能手机·社交网络的使用现状 (Base:全体)

## 智能手机
### 平均一天的使用时间（分钟）

- 中国 187
- 美国 117
- 日本 116

## 社交网络（SNS）
### 平均一天的使用时间（分钟）

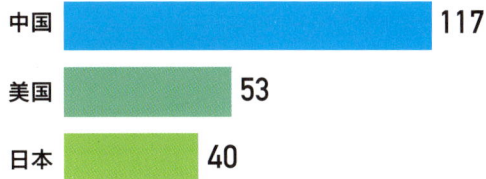

- 中国 117
- 美国 53
- 日本 40

## 智能手机
### 在日常生活中不可或缺程度（%）

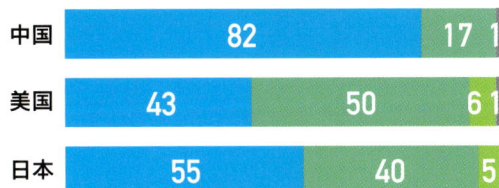

- 中国 82 17 1
- 美国 43 50 6 1
- 日本 55 40 5

■ 绝对不可或缺
■ 虽然不是不可或缺，但也需要

## 社交网络（SNS）
### 在日常生活中不可或缺程度（%）

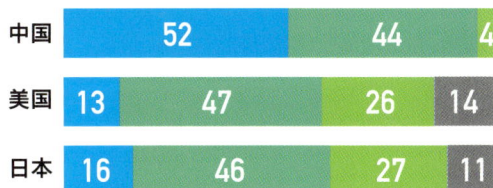

- 中国 52 44 4
- 美国 13 47 26 14
- 日本 16 46 27 11

■ 不太觉得有必要
■ 完全不觉得有必要

# 服务的使用频率

(Base:全体)（单位:%）

■ 几乎每天　　■ 每月2~3次
■ 每周4~5次　■ 每月1次左右
■ 每周2~3次　■ 更少
■ 每周1次左右

## 在商店购物

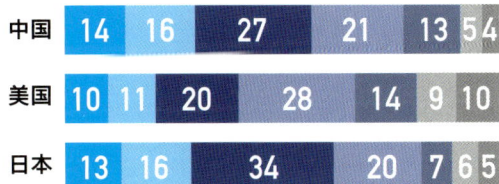

- 中国 14 16 27 21 13 5 4
- 美国 10 11 20 28 14 9 10
- 日本 13 16 34 20 7 6 5

## 网络购物

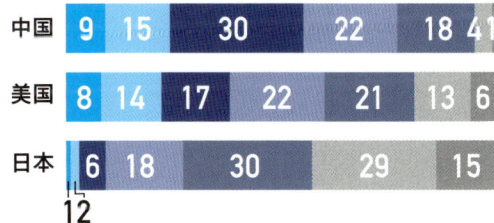

- 中国 9 15 30 22 18 4 1
- 美国 8 14 17 22 21 13 6
- 日本 6 18 30 29 15　12

## 在餐厅用餐

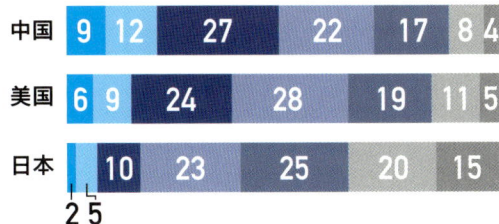

- 中国 9 12 27 22 17 8 4
- 美国 6 9 24 28 19 11 5
- 日本 10 23 25 20 15　2 5

## 网络外卖服务

- 中国 8 16 32 16 14 6 9
- 美国 4 7 9 13 14 13 40
- 日本 34 13 77　012

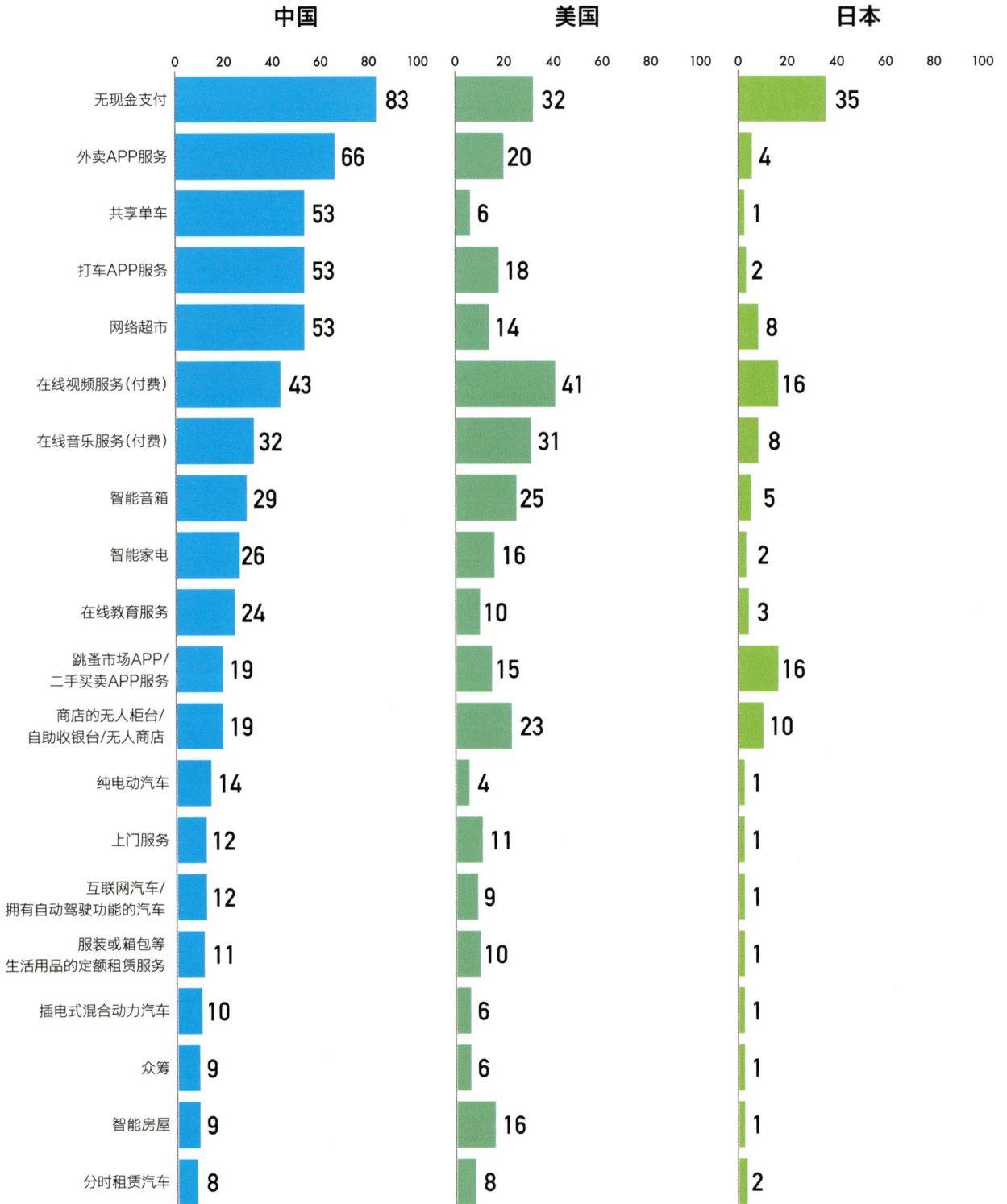

## 经常使用

| 商品/服务 | 中国 | 美国 | 日本 |
|---|---|---|---|
| 无现金支付 | 83 | 32 | 35 |
| 外卖APP服务 | 66 | 20 | 4 |
| 共享单车 | 53 | 6 | 1 |
| 打车APP服务 | 53 | 18 | 2 |
| 网络超市 | 53 | 14 | 8 |
| 在线视频服务(付费) | 43 | 41 | 16 |
| 在线音乐服务(付费) | 32 | 31 | 8 |
| 智能音箱 | 29 | 25 | 5 |
| 智能家电 | 26 | 16 | 2 |
| 在线教育服务 | 24 | 10 | 3 |
| 跳蚤市场APP/二手买卖APP服务 | 19 | 15 | 16 |
| 商店的无人柜台/自助收银台/无人商店 | 19 | 23 | 10 |
| 纯电动汽车 | 14 | 4 | 1 |
| 上门服务 | 12 | 11 | 1 |
| 互联网汽车/拥有自动驾驶功能的汽车 | 12 | 9 | 1 |
| 服装或箱包等生活用品的定额租赁服务 | 11 | 10 | 1 |
| 插电式混合动力汽车 | 10 | 6 | 1 |
| 众筹 | 9 | 6 | 1 |
| 智能房屋 | 9 | 16 | 1 |
| 分时租赁汽车 | 8 | 8 | 2 |

# 科技商品和服务的运用程度

(Base:全体)(单位:%)

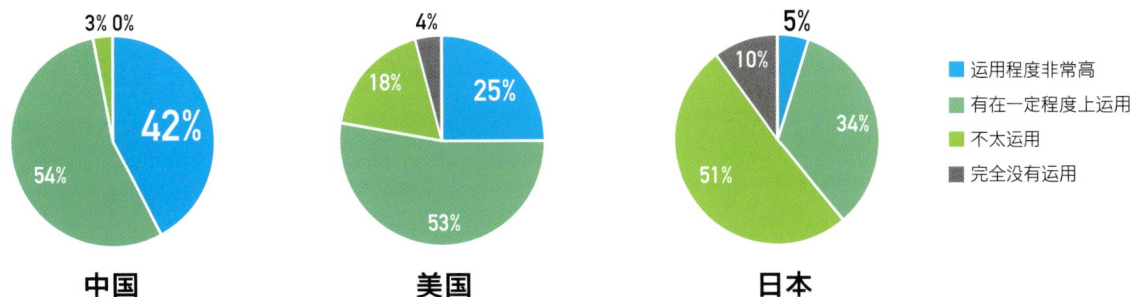

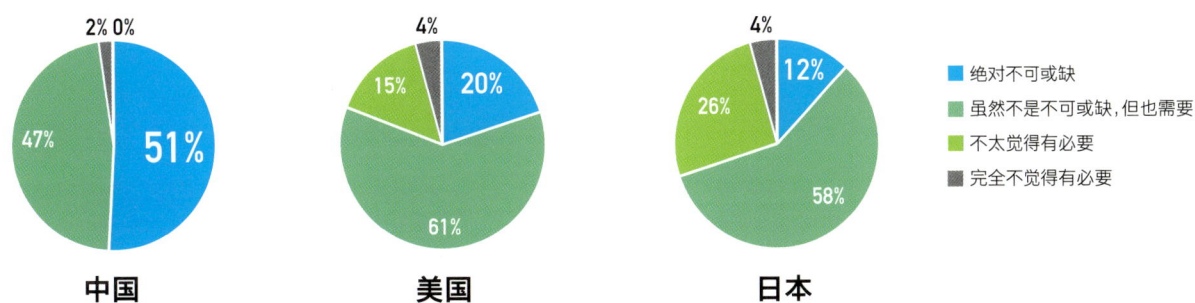

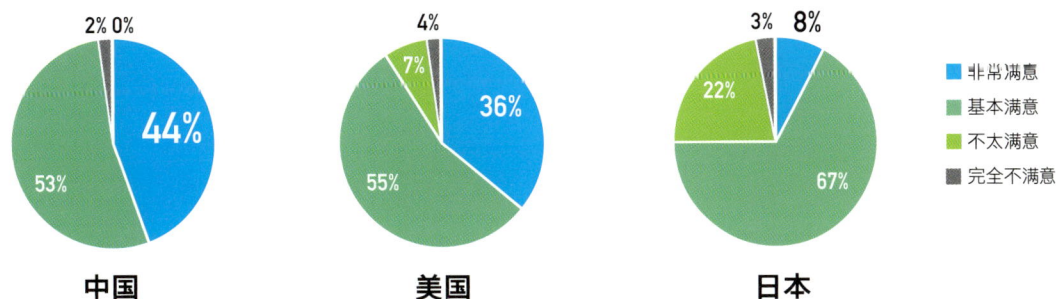

**中国**
- 42%
- 54%
- 3%
- 0%

**美国**
- 25%
- 53%
- 18%
- 4%

**日本**
- 5%
- 34%
- 51%
- 10%

图例：
- 运用程度非常高
- 有在一定程度上运用
- 不太运用
- 完全没有运用

# 科技商品和服务的不可或缺程度

(Base:全体)(单位:%)

**中国**
- 51%
- 47%
- 2%
- 0%

**美国**
- 20%
- 61%
- 15%
- 4%

**日本**
- 12%
- 58%
- 26%
- 4%

图例：
- 绝对不可或缺
- 虽然不是不可或缺,但也需要
- 不太觉得有必要
- 完全不觉得有必要

# 对于科技生活的满意程度

(Base:全体)(单位:%)

**中国**
- 44%
- 53%
- 2%
- 0%

**美国**
- 36%
- 55%
- 7%
- 4%

**日本**
- 8%
- 67%
- 22%
- 3%

图例：
- 非常满意
- 基本满意
- 不太满意
- 完全不满意

# 生活意识行为现状 （Base:全体）（单位：%）

■ 非常同意　　■ 不太同意
■ 基本同意　　■ 完全不同意

## Q 认为现在的生活比较方便

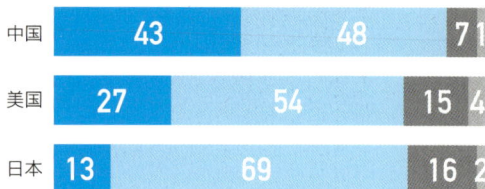

| | | | | |
|---|---|---|---|---|
| 中国 | 43 | 48 | 7 | 1 |
| 美国 | 27 | 54 | 15 | 4 |
| 日本 | 13 | 69 | 16 | 2 |

## Q 对现在的生活感到满意

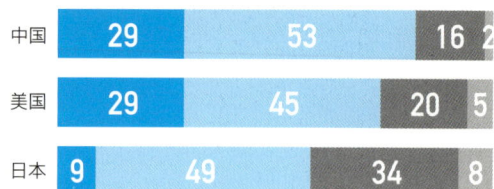

| | | | | |
|---|---|---|---|---|
| 中国 | 29 | 53 | 16 | 2 |
| 美国 | 29 | 45 | 20 | 5 |
| 日本 | 9 | 49 | 34 | 8 |

## Q 想过与众不同的生活

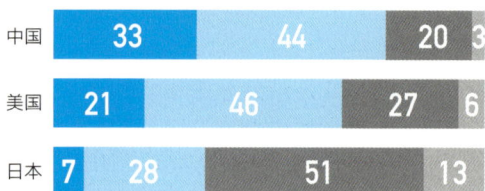

| | | | | |
|---|---|---|---|---|
| 中国 | 33 | 44 | 20 | 3 |
| 美国 | 21 | 46 | 27 | 6 |
| 日本 | 7 | 28 | 51 | 13 |

## Q 想过与别人相同的生活

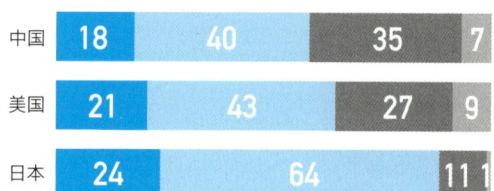

| | | | | |
|---|---|---|---|---|
| 中国 | 18 | 40 | 35 | 7 |
| 美国 | 21 | 43 | 27 | 9 |
| 日本 | 24 | 64 | 11 | 1 |

## Q 和各年龄层的人都有交流

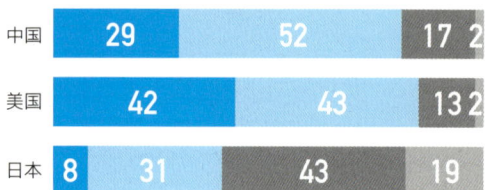

| | | | | |
|---|---|---|---|---|
| 中国 | 29 | 52 | 17 | 2 |
| 美国 | 42 | 43 | 13 | 2 |
| 日本 | 8 | 31 | 43 | 19 |

## Q 和其他国家和地区的人均有广泛的交流

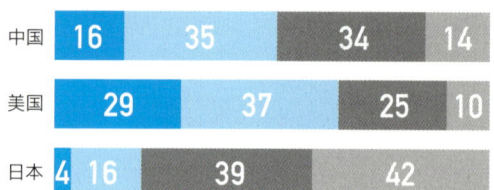

| | | | | |
|---|---|---|---|---|
| 中国 | 16 | 35 | 34 | 14 |
| 美国 | 29 | 37 | 25 | 10 |
| 日本 | 4 | 16 | 39 | 42 |

## Q 重视身边的人际关系

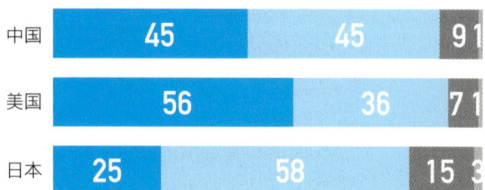

| | | | | |
|---|---|---|---|---|
| 中国 | 45 | 45 | 9 | 1 |
| 美国 | 56 | 36 | 7 | 1 |
| 日本 | 25 | 58 | 15 | 3 |

## Q 重视家人

| | | | | |
|---|---|---|---|---|
| 中国 | 67 | 28 | 5 | 1 |
| 美国 | 66 | 27 | 6 | 1 |
| 日本 | 28 | 54 | 14 | 3 |

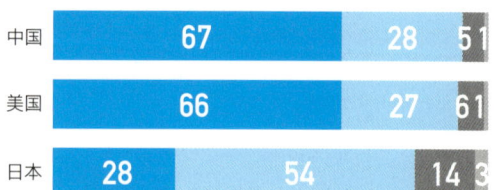

## Q 休息日比较爱在家里过

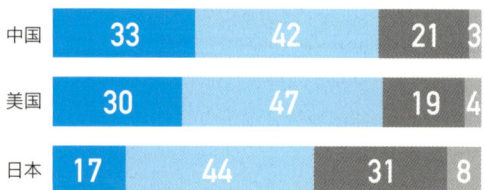

| | | | | |
|---|---|---|---|---|
| 中国 | 33 | 42 | 21 | 3 |
| 美国 | 30 | 47 | 19 | 4 |
| 日本 | 17 | 44 | 31 | 8 |

## Q 工作日的夜晚经常有活动

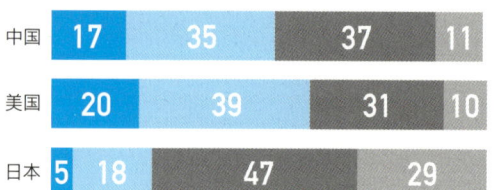

| | | | | |
|---|---|---|---|---|
| 中国 | 17 | 35 | 37 | 11 |
| 美国 | 20 | 39 | 31 | 10 |
| 日本 | 5 | 18 | 47 | 29 |

科技生活所带来的
# 生活意识行为变化 (Base:全体) (单位:%)

■ 与以前相比,开始(更)这么想了
■ 没有改变
■ 与以前相比,开始不(更不)这么想了

## Q 现在的生活更方便了

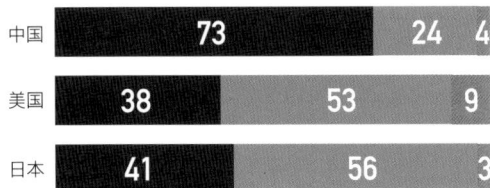

| | | | |
|---|---|---|---|
| 中国 | 73 | 24 | 4 |
| 美国 | 38 | 53 | 9 |
| 日本 | 41 | 56 | 3 |

## Q 开始对现在的生活(更)满意了

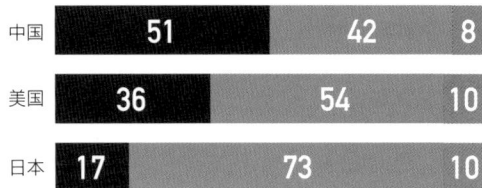

| | | | |
|---|---|---|---|
| 中国 | 51 | 42 | 8 |
| 美国 | 36 | 54 | 10 |
| 日本 | 17 | 73 | 10 |

## Q 开始(更)想过与众不同的生活了

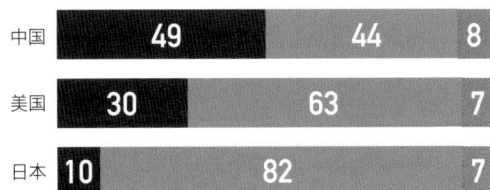

| | | | |
|---|---|---|---|
| 中国 | 49 | 44 | 8 |
| 美国 | 30 | 63 | 7 |
| 日本 | 10 | 82 | 7 |

## Q 开始(更)想过与人相同的生活了

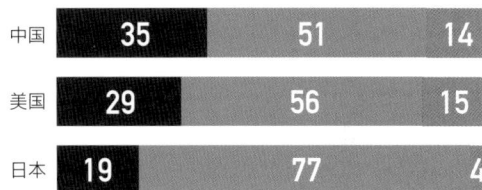

| | | | |
|---|---|---|---|
| 中国 | 35 | 51 | 14 |
| 美国 | 29 | 56 | 15 |
| 日本 | 19 | 77 | 4 |

## Q 开始和各年龄层的人均有交流了

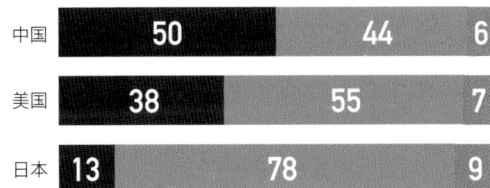

| | | | |
|---|---|---|---|
| 中国 | 50 | 44 | 6 |
| 美国 | 38 | 55 | 7 |
| 日本 | 13 | 78 | 9 |

## Q 开始和其他国家和地区的人有广泛的交流了

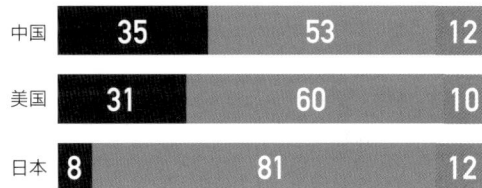

| | | | |
|---|---|---|---|
| 中国 | 35 | 53 | 12 |
| 美国 | 31 | 60 | 10 |
| 日本 | 8 | 81 | 12 |

## Q 开始(更)重视身边的人际关系了

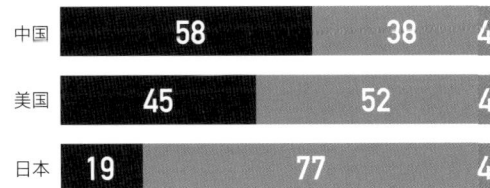

| | | | |
|---|---|---|---|
| 中国 | 58 | 38 | 4 |
| 美国 | 45 | 52 | 4 |
| 日本 | 19 | 77 | 4 |

## Q 开始(更)重视家人了

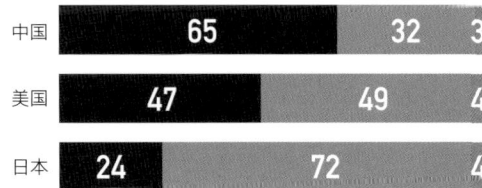

| | | | |
|---|---|---|---|
| 中国 | 65 | 32 | 3 |
| 美国 | 47 | 49 | 4 |
| 日本 | 24 | 72 | 4 |

## Q 休息日开始(更)爱在家里过了

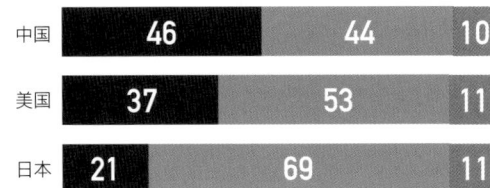

| | | | |
|---|---|---|---|
| 中国 | 46 | 44 | 10 |
| 美国 | 37 | 53 | 11 |
| 日本 | 21 | 69 | 11 |

## Q 开始(更)经常在工作日的夜晚有活动了

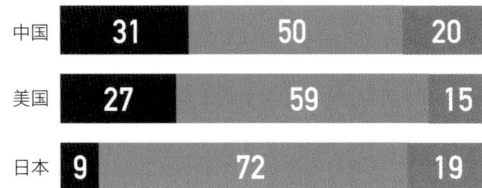

| | | | |
|---|---|---|---|
| 中国 | 31 | 50 | 20 |
| 美国 | 27 | 59 | 15 |
| 日本 | 9 | 72 | 19 |

# 生活意识行为现状

(Base:全体)（单位:%）

图例：■ 非常同意　□ 基本同意　■ 不太同意　■ 完全不同意

## Q 喜欢旅行及外出

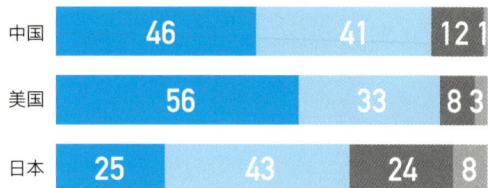

| 国家 | 非常同意 | 基本同意 | 不太同意 | 完全不同意 |
|---|---|---|---|---|
| 中国 | 46 | 41 | 12 | 1 |
| 美国 | 56 | 33 | 8 | 3 |
| 日本 | 25 | 43 | 24 | 8 |

## Q 生活中的活动模式比较固定

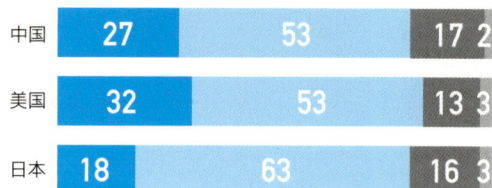

| 国家 | 非常同意 | 基本同意 | 不太同意 | 完全不同意 |
|---|---|---|---|---|
| 中国 | 27 | 53 | 17 | 2 |
| 美国 | 32 | 53 | 13 | 3 |
| 日本 | 18 | 63 | 16 | 3 |

## Q 生活中的活动范围比较狭窄

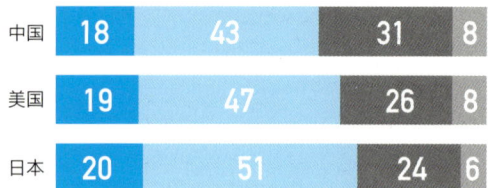

| 国家 | 非常同意 | 基本同意 | 不太同意 | 完全不同意 |
|---|---|---|---|---|
| 中国 | 18 | 43 | 31 | 8 |
| 美国 | 19 | 47 | 26 | 8 |
| 日本 | 20 | 51 | 24 | 6 |

## Q 会投身对社会有贡献的援助活动

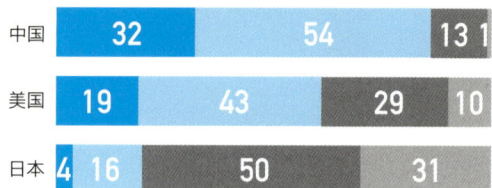

| 国家 | 非常同意 | 基本同意 | 不太同意 | 完全不同意 |
|---|---|---|---|---|
| 中国 | 32 | 54 | 13 | 1 |
| 美国 | 19 | 43 | 29 | 10 |
| 日本 | 4 | 16 | 50 | 31 |

## Q 在生活中比较注重环保

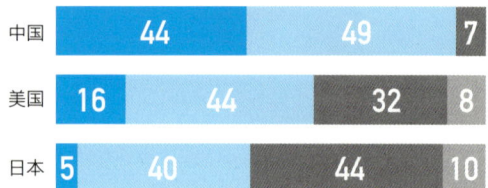

| 国家 | 非常同意 | 基本同意 | 不太同意 | 完全不同意 |
|---|---|---|---|---|
| 中国 | 44 | 49 | 7 | |
| 美国 | 16 | 44 | 32 | 8 |
| 日本 | 5 | 40 | 44 | 10 |

科技生活所带来的
# 生活意识行为变化 （Base:全体）（单位：%）

■ 与以前相比,开始(更)这么想了
■ 没有改变
■ 与以前相比,开始不(更不)这么想了

## Q 开始(更)喜欢旅行及外出了

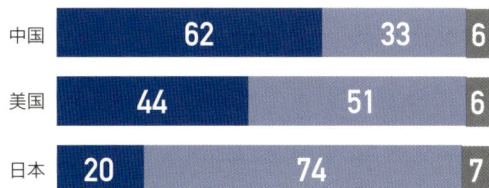

| | | | |
|---|---|---|---|
| 中国 | 62 | 33 | 6 |
| 美国 | 44 | 51 | 6 |
| 日本 | 20 | 74 | 7 |

## Q 生活中的活动模式开始(更)固定了

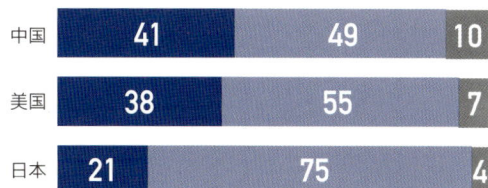

| | | | |
|---|---|---|---|
| 中国 | 41 | 49 | 10 |
| 美国 | 38 | 55 | 7 |
| 日本 | 21 | 75 | 4 |

## Q 生活中的活动范围变得(更)狭窄了

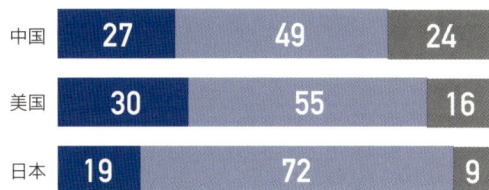

| | | | |
|---|---|---|---|
| 中国 | 27 | 49 | 24 |
| 美国 | 30 | 55 | 16 |
| 日本 | 19 | 72 | 9 |

## Q 开始(更多)参加对社会有贡献的援助活动了

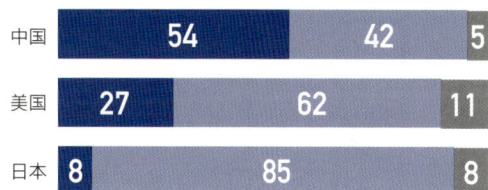

| | | | |
|---|---|---|---|
| 中国 | 54 | 42 | 5 |
| 美国 | 27 | 62 | 11 |
| 日本 | 8 | 85 | 8 |

## Q 在生活中开始(更)环保了

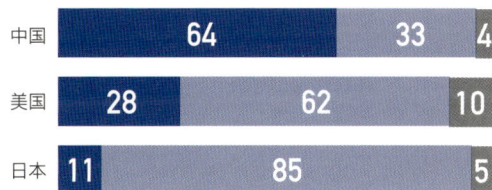

| | | | |
|---|---|---|---|
| 中国 | 64 | 33 | 4 |
| 美国 | 28 | 62 | 10 |
| 日本 | 11 | 85 | 5 |

# 消费意识行为现状 (Base:全体) (单位:%)

**图例:** ■ 非常同意　　■ 不太同意　　■ 基本同意　　■ 完全不同意

## Q 属于很快就能接受新事物的人

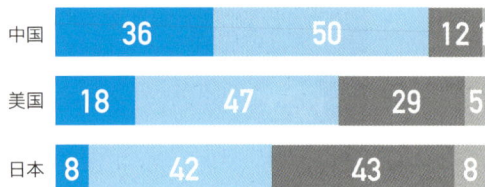

| | 非常同意 | 基本同意 | 不太同意 | 完全不同意 |
|---|---|---|---|---|
| 中国 | 36 | 50 | 12 | 1 |
| 美国 | 18 | 47 | 29 | 5 |
| 日本 | 8 | 42 | 43 | 8 |

## Q 希望先于其他人获得新事物

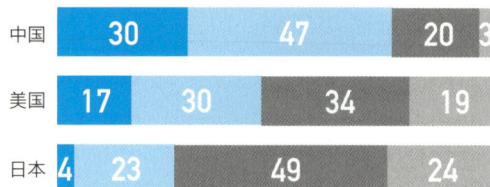

| | 非常同意 | 基本同意 | 不太同意 | 完全不同意 |
|---|---|---|---|---|
| 中国 | 30 | 47 | 20 | 3 |
| 美国 | 17 | 30 | 34 | 19 |
| 日本 | 4 | 23 | 49 | 24 |

## Q 常常想从生活中寻求新的刺激

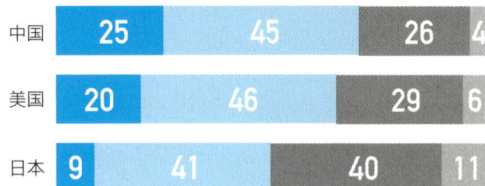

| | 非常同意 | 基本同意 | 不太同意 | 完全不同意 |
|---|---|---|---|---|
| 中国 | 25 | 45 | 26 | 4 |
| 美国 | 20 | 46 | 29 | 6 |
| 日本 | 9 | 41 | 40 | 11 |

## Q 对新事物或服务常常很快感到厌倦

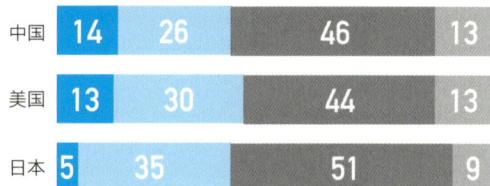

| | 非常同意 | 基本同意 | 不太同意 | 完全不同意 |
|---|---|---|---|---|
| 中国 | 14 | 26 | 46 | 13 |
| 美国 | 13 | 30 | 44 | 13 |
| 日本 | 5 | 35 | 51 | 9 |

## Q 买东西时,注重是否可以长时间使用

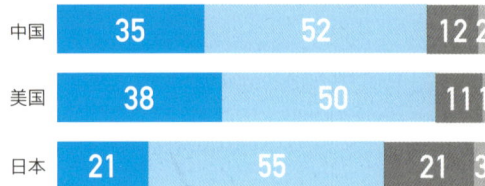

| | 非常同意 | 基本同意 | 不太同意 | 完全不同意 |
|---|---|---|---|---|
| 中国 | 35 | 52 | 12 | 2 |
| 美国 | 38 | 50 | 11 | 1 |
| 日本 | 21 | 55 | 21 | 3 |

## Q 经常冲动购物

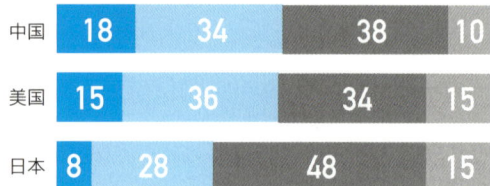

| | 非常同意 | 基本同意 | 不太同意 | 完全不同意 |
|---|---|---|---|---|
| 中国 | 18 | 34 | 38 | 10 |
| 美国 | 15 | 36 | 34 | 15 |
| 日本 | 8 | 28 | 48 | 15 |

## Q 常常超出自己的收入水平进行购物

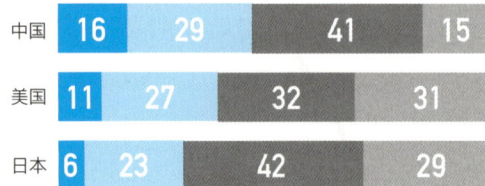

| | 非常同意 | 基本同意 | 不太同意 | 完全不同意 |
|---|---|---|---|---|
| 中国 | 16 | 29 | 41 | 15 |
| 美国 | 11 | 27 | 32 | 31 |
| 日本 | 6 | 23 | 42 | 29 |

## Q 购物有计划性

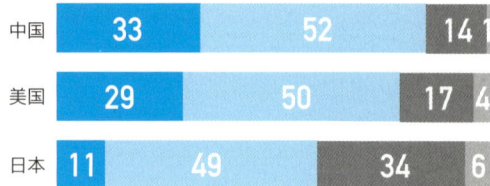

| | 非常同意 | 基本同意 | 不太同意 | 完全不同意 |
|---|---|---|---|---|
| 中国 | 33 | 52 | 14 | 1 |
| 美国 | 29 | 50 | 17 | 4 |
| 日本 | 11 | 49 | 34 | 6 |

## Q 想要的东西很多

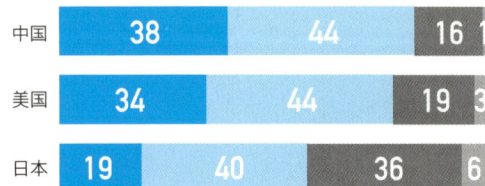

| | 非常同意 | 基本同意 | 不太同意 | 完全不同意 |
|---|---|---|---|---|
| 中国 | 38 | 44 | 16 | 1 |
| 美国 | 34 | 44 | 19 | 3 |
| 日本 | 19 | 40 | 36 | 6 |

## Q 想做的事情很多

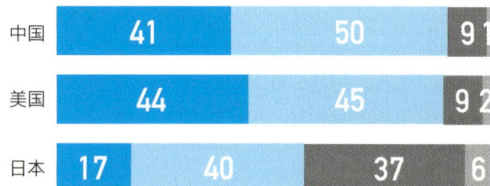

| | 非常同意 | 基本同意 | 不太同意 | 完全不同意 |
|---|---|---|---|---|
| 中国 | 41 | 50 | 9 | 1 |
| 美国 | 44 | 45 | 9 | 2 |
| 日本 | 17 | 40 | 37 | 6 |

科技生活所带来的
# 消费意识行为变化 （Base:全体）（单位:%）

■ 与以前相比,开始(更)这么想了
■ 没有改变
■ 与以前相比,开始不(更不)这么想了

## Q 开始更快接受新事物了

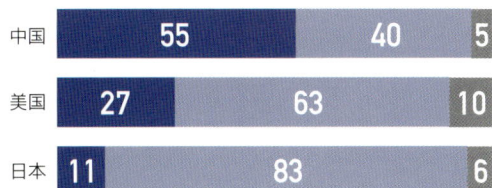

| 中国 | 55 | 40 | 5 |
| 美国 | 27 | 63 | 10 |
| 日本 | 11 | 83 | 6 |

## Q 开始希望先于他人获得新事物了

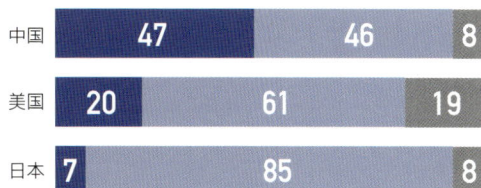

| 中国 | 47 | 46 | 8 |
| 美国 | 20 | 61 | 19 |
| 日本 | 7 | 85 | 8 |

## Q 开始想从生活中寻求新的刺激了

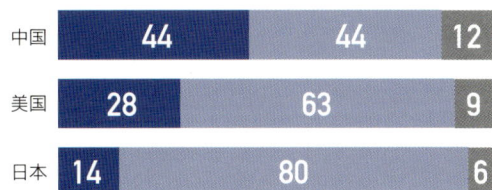

| 中国 | 44 | 44 | 12 |
| 美国 | 28 | 63 | 9 |
| 日本 | 14 | 80 | 6 |

## Q 开始对新事物或服务很快感到厌倦了

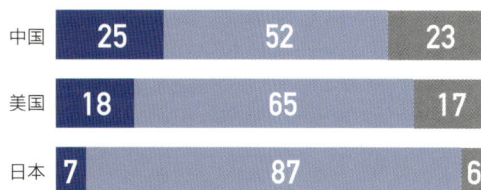

| 中国 | 25 | 52 | 23 |
| 美国 | 18 | 65 | 17 |
| 日本 | 7 | 87 | 6 |

## Q 买东西时,开始注重是否可以长时间使用了

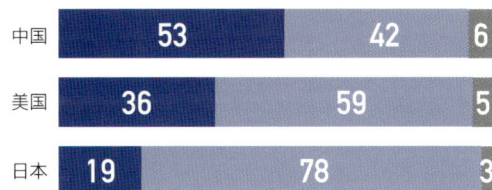

| 中国 | 53 | 42 | 6 |
| 美国 | 36 | 59 | 5 |
| 日本 | 19 | 78 | 3 |

## Q 开始经常冲动购物了

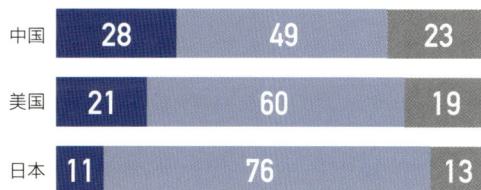

| 中国 | 28 | 49 | 23 |
| 美国 | 21 | 60 | 19 |
| 日本 | 11 | 76 | 13 |

## Q 开始超出自己的收入水平进行购物了

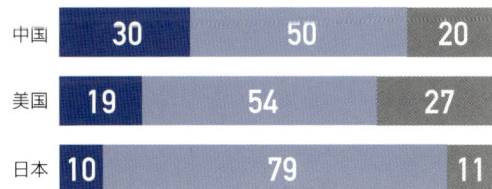

| 中国 | 30 | 50 | 20 |
| 美国 | 19 | 54 | 27 |
| 日本 | 10 | 79 | 11 |

## Q 购物开始有计划性了

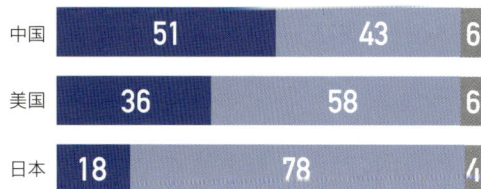

| 中国 | 51 | 43 | 6 |
| 美国 | 36 | 58 | 6 |
| 日本 | 18 | 78 | 4 |

## Q 想要的东西增多了

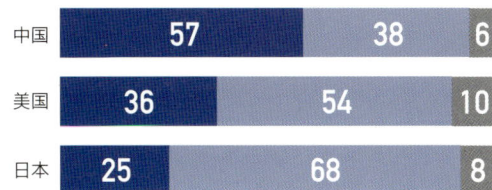

| 中国 | 57 | 38 | 6 |
| 美国 | 36 | 54 | 10 |
| 日本 | 25 | 68 | 8 |

## Q 想做的事情增多了

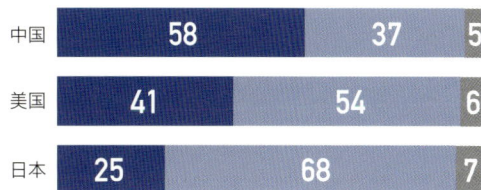

| 中国 | 58 | 37 | 5 |
| 美国 | 41 | 54 | 6 |
| 日本 | 25 | 68 | 7 |

图例：■ 非常同意　■ 不太同意　■ 基本同意　■ 完全不同意

**Q 属于挑选商品或服务时，想要花多点时间考虑的人**

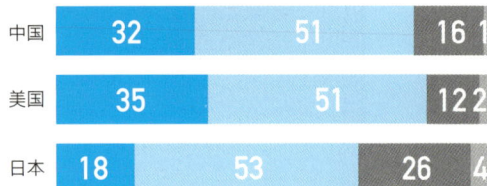

| | 非常同意 | 基本同意 | 不太同意 | 完全不同意 |
|---|---|---|---|---|
| 中国 | 32 | 51 | 16 | 1 |
| 美国 | 35 | 51 | 12 | 2 |
| 日本 | 18 | 53 | 26 | 4 |

**Q 属于挑选商品或服务时，比较有讲究的人**

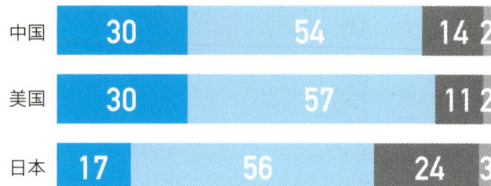

| | 非常同意 | 基本同意 | 不太同意 | 完全不同意 |
|---|---|---|---|---|
| 中国 | 30 | 54 | 14 | 2 |
| 美国 | 30 | 57 | 11 | 2 |
| 日本 | 17 | 56 | 24 | 3 |

**Q 没有买过的东西，也愿意尝试购买**

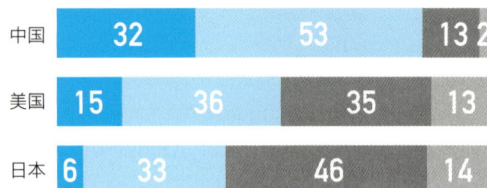

| | 非常同意 | 基本同意 | 不太同意 | 完全不同意 |
|---|---|---|---|---|
| 中国 | 32 | 53 | 13 | 2 |
| 美国 | 15 | 36 | 35 | 13 |
| 日本 | 6 | 33 | 46 | 14 |

**Q 感到购物很有趣**

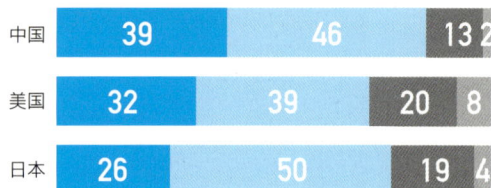

| | 非常同意 | 基本同意 | 不太同意 | 完全不同意 |
|---|---|---|---|---|
| 中国 | 39 | 46 | 13 | 2 |
| 美国 | 32 | 39 | 20 | 8 |
| 日本 | 26 | 50 | 19 | 4 |

**Q 购物频率比较高**

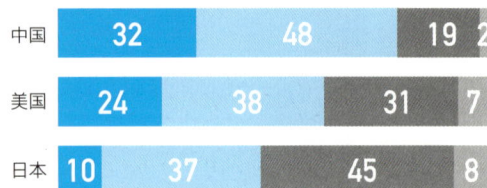

| | 非常同意 | 基本同意 | 不太同意 | 完全不同意 |
|---|---|---|---|---|
| 中国 | 32 | 48 | 19 | 2 |
| 美国 | 24 | 38 | 31 | 7 |
| 日本 | 10 | 37 | 45 | 8 |

**Q 一次的购物金额比较少**

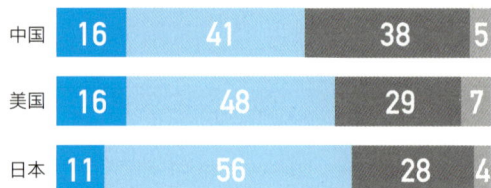

| | 非常同意 | 基本同意 | 不太同意 | 完全不同意 |
|---|---|---|---|---|
| 中国 | 16 | 41 | 38 | 5 |
| 美国 | 16 | 48 | 29 | 7 |
| 日本 | 11 | 56 | 28 | 4 |

**Q 一般以网店购物为主，很少在实体店购物**

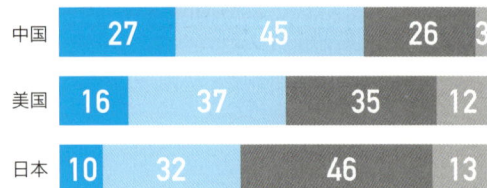

| | 非常同意 | 基本同意 | 不太同意 | 完全不同意 |
|---|---|---|---|---|
| 中国 | 27 | 45 | 26 | 3 |
| 美国 | 16 | 37 | 35 | 12 |
| 日本 | 10 | 32 | 46 | 13 |

**Q 购物或在外吃饭时，喜欢选择无人服务**

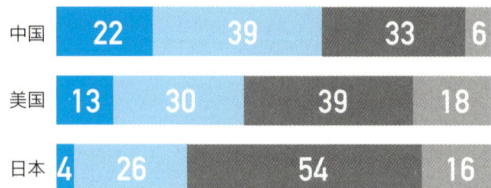

| | 非常同意 | 基本同意 | 不太同意 | 完全不同意 |
|---|---|---|---|---|
| 中国 | 22 | 39 | 33 | 6 |
| 美国 | 13 | 30 | 39 | 18 |
| 日本 | 4 | 26 | 54 | 16 |

**Q 购物或在外吃饭时，注重店员服务水平**

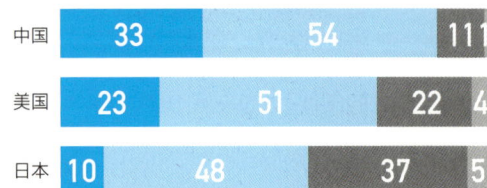

| | 非常同意 | 基本同意 | 不太同意 | 完全不同意 |
|---|---|---|---|---|
| 中国 | 33 | 54 | 11 | 1 |
| 美国 | 23 | 51 | 22 | 4 |
| 日本 | 10 | 48 | 37 | 5 |

**Q 比起在外吃饭，在家里吃饭的时候更多**

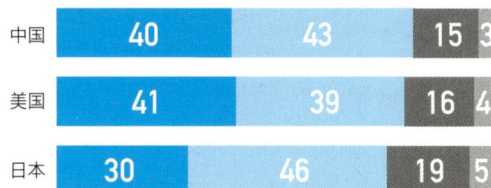

| | 非常同意 | 基本同意 | 不太同意 | 完全不同意 |
|---|---|---|---|---|
| 中国 | 40 | 43 | 15 | 3 |
| 美国 | 41 | 39 | 16 | 4 |
| 日本 | 30 | 46 | 19 | 5 |

■ 与以前相比,开始(更)这么想了
没有改变
■ 与以前相比,开始不(更不)这么想了

**Q 挑选商品或服务时,开始想要花更多时间考虑了**

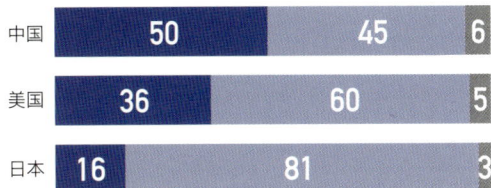

| | 开始这么想了 | 没有改变 | 开始不这么想了 |
|---|---|---|---|
| 中国 | 50 | 45 | 6 |
| 美国 | 36 | 60 | 5 |
| 日本 | 16 | 81 | 3 |

**Q 挑选商品或服务时,开始更有讲究了**

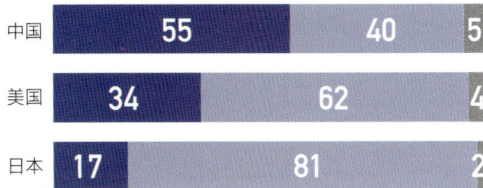

| | | | |
|---|---|---|---|
| 中国 | 55 | 40 | 5 |
| 美国 | 34 | 62 | 4 |
| 日本 | 17 | 81 | 2 |

**Q 没有买过的东西,开始想要尝试购买了**

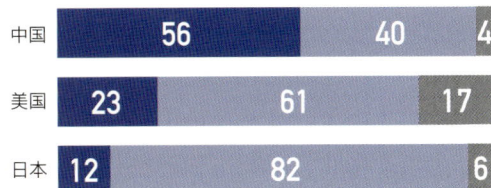

| | | | |
|---|---|---|---|
| 中国 | 56 | 40 | 4 |
| 美国 | 23 | 61 | 17 |
| 日本 | 12 | 82 | 6 |

**Q 开始感到购物很有趣了**

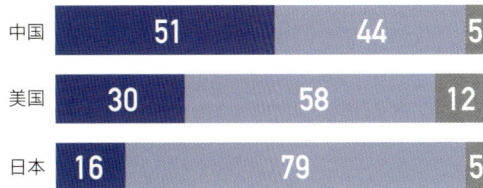

| | | | |
|---|---|---|---|
| 中国 | 51 | 44 | 5 |
| 美国 | 30 | 58 | 12 |
| 日本 | 16 | 79 | 5 |

**Q 购物频率变快了**

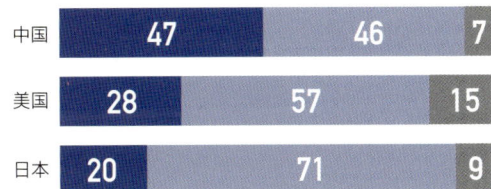

| | | | |
|---|---|---|---|
| 中国 | 47 | 46 | 7 |
| 美国 | 28 | 57 | 15 |
| 日本 | 20 | 71 | 9 |

**Q 一次的购物金额变少了**

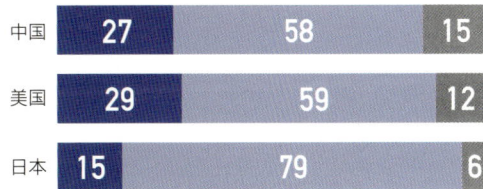

| | | | |
|---|---|---|---|
| 中国 | 27 | 58 | 15 |
| 美国 | 29 | 59 | 12 |
| 日本 | 15 | 79 | 6 |

**Q 一般以网店购物为主,在实体店购物更少了**

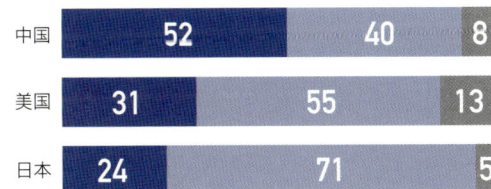

| | | | |
|---|---|---|---|
| 中国 | 52 | 40 | 8 |
| 美国 | 31 | 55 | 13 |
| 日本 | 24 | 71 | 5 |

**Q 购物或在外吃饭时,开始选择无人服务了**

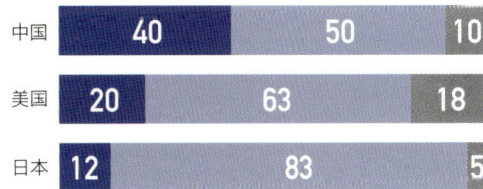

| | | | |
|---|---|---|---|
| 中国 | 40 | 50 | 10 |
| 美国 | 20 | 63 | 18 |
| 日本 | 12 | 83 | 5 |

**Q 购物或在外吃饭时,开始注重店员服务水平了**

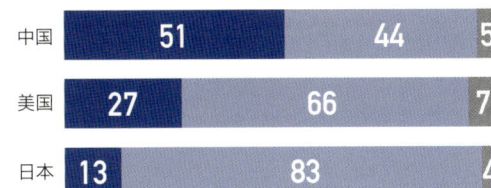

| | | | |
|---|---|---|---|
| 中国 | 51 | 44 | 5 |
| 美国 | 27 | 66 | 7 |
| 日本 | 13 | 83 | 4 |

**Q 比起在外吃饭,在家里吃饭的时候更多了**

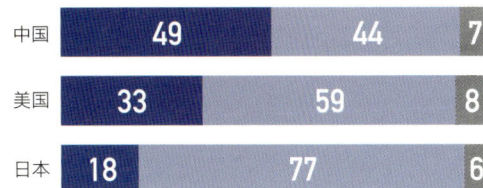

| | | | |
|---|---|---|---|
| 中国 | 49 | 44 | 7 |
| 美国 | 33 | 59 | 8 |
| 日本 | 18 | 77 | 6 |

# 消费意识行为现状 (Base:全体)（单位:%）

**Q 经常以退货为前提购买商品来试用**

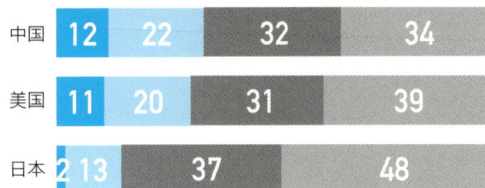

| | 非常同意 | 基本同意 | 不太同意 | 完全不同意 |
|---|---|---|---|---|
| 中国 | 12 | 22 | 32 | 34 |
| 美国 | 11 | 20 | 31 | 39 |
| 日本 | 2 | 13 | 37 | 48 |

**Q 想在体验一次商品或服务后再购买**

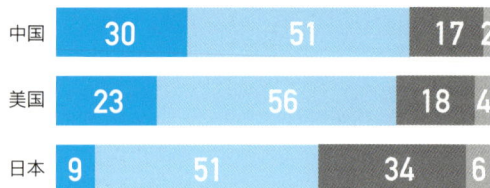

| | 非常同意 | 基本同意 | 不太同意 | 完全不同意 |
|---|---|---|---|---|
| 中国 | 30 | 51 | 17 | 2 |
| 美国 | 23 | 56 | 18 | 4 |
| 日本 | 9 | 51 | 34 | 6 |

**Q 经常先拿到优惠券之后再去购物或在外吃饭**

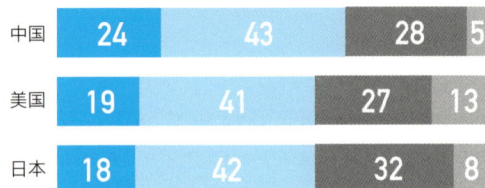

| | 非常同意 | 基本同意 | 不太同意 | 完全不同意 |
|---|---|---|---|---|
| 中国 | 24 | 43 | 28 | 5 |
| 美国 | 19 | 41 | 27 | 13 |
| 日本 | 18 | 42 | 32 | 8 |

**Q 比起名牌来,更注重是否适合自己使用**

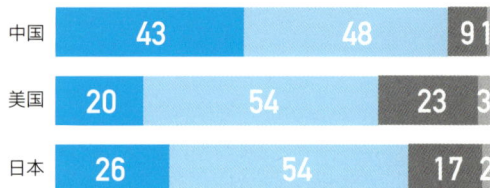

| | 非常同意 | 基本同意 | 不太同意 | 完全不同意 |
|---|---|---|---|---|
| 中国 | 43 | 48 | 9 | 1 |
| 美国 | 20 | 54 | 23 | 3 |
| 日本 | 26 | 54 | 17 | 2 |

**Q 经常使用定期购物服务或会员服务**

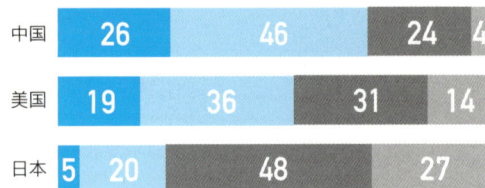

| | 非常同意 | 基本同意 | 不太同意 | 完全不同意 |
|---|---|---|---|---|
| 中国 | 26 | 46 | 24 | 4 |
| 美国 | 19 | 36 | 31 | 14 |
| 日本 | 5 | 20 | 48 | 27 |

**Q 购物时倾向于选择本国制造的商品**

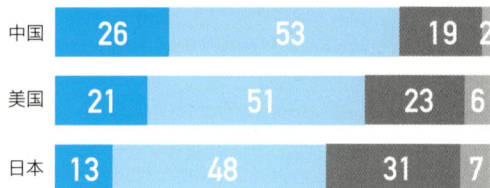

| | 非常同意 | 基本同意 | 不太同意 | 完全不同意 |
|---|---|---|---|---|
| 中国 | 26 | 53 | 19 | 2 |
| 美国 | 21 | 51 | 23 | 6 |
| 日本 | 13 | 48 | 31 | 7 |

**Q 购物时倾向于选择外国制造的商品**

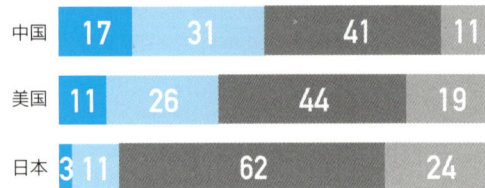

| | 非常同意 | 基本同意 | 不太同意 | 完全不同意 |
|---|---|---|---|---|
| 中国 | 17 | 31 | 41 | 11 |
| 美国 | 11 | 26 | 44 | 19 |
| 日本 | 3 | 11 | 62 | 24 |

科技生活所带来的
# 消费意识行为变化 （Base:全体）（单位:%）

■ 与以前相比,开始(更)这么想了
■ 没有改变
■ 与以前相比,开始不(更不)这么想了

**Q 开始尝试以退货为前提购买商品来试用了**

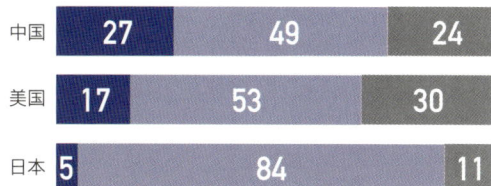

| | | | |
|---|---|---|---|
| 中国 | 27 | 49 | 24 |
| 美国 | 17 | 53 | 30 |
| 日本 | 5 | 84 | 11 |

**Q 想在体验一次商品或服务后再购买了**

| | | | |
|---|---|---|---|
| 中国 | 46 | 46 | 8 |
| 美国 | 31 | 64 | 6 |
| 日本 | 11 | 86 | 3 |

**Q 开始经常先拿到优惠券之后再去购物或在外吃饭了**

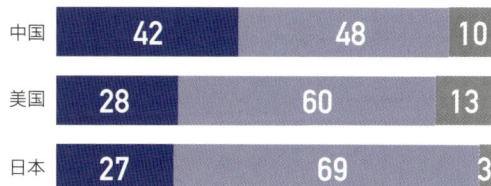

| | | | |
|---|---|---|---|
| 中国 | 42 | 48 | 10 |
| 美国 | 28 | 60 | 13 |
| 日本 | 27 | 69 | 3 |

**Q 比起名牌来,开始注重是否适合自己使用了**

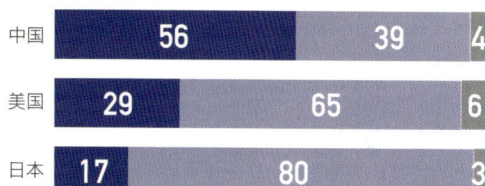

| | | | |
|---|---|---|---|
| 中国 | 56 | 39 | 4 |
| 美国 | 29 | 65 | 6 |
| 日本 | 17 | 80 | 3 |

**Q 开始经常使用定期购物服务或会员服务了**

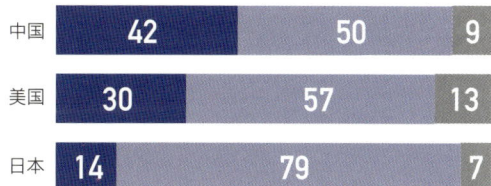

| | | | |
|---|---|---|---|
| 中国 | 42 | 50 | 9 |
| 美国 | 30 | 57 | 13 |
| 日本 | 14 | 79 | 7 |

**Q 购物时开始倾向于选择本国制造的商品了**

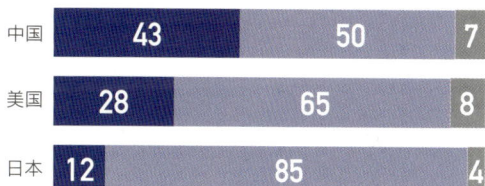

| | | | |
|---|---|---|---|
| 中国 | 43 | 50 | 7 |
| 美国 | 28 | 65 | 8 |
| 日本 | 12 | 85 | 4 |

**Q 购物时开始倾向于选择外国制造的商品了**

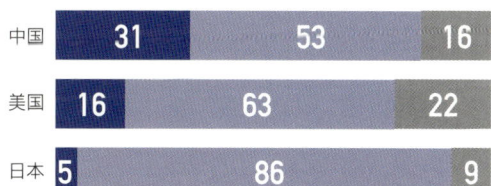

| | | | |
|---|---|---|---|
| 中国 | 31 | 53 | 16 |
| 美国 | 16 | 63 | 22 |
| 日本 | 5 | 86 | 9 |

# 信息意识行为现状 (Base:全体) (单位:%)

图例: ■ 非常同意　■ 不太同意　■ 基本同意　■ 完全不同意

## Q 经常看大众媒体的信息

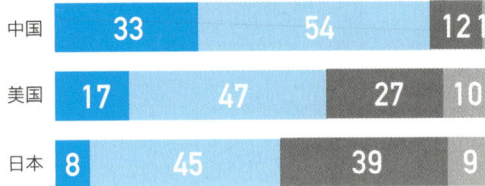

| | 非常同意 | 基本同意 | 不太同意 | 完全不同意 |
|---|---|---|---|---|
| 中国 | 33 | 54 | 12 | 1 |
| 美国 | 17 | 47 | 27 | 10 |
| 日本 | 8 | 45 | 39 | 9 |

## Q 对信息安全感到不安

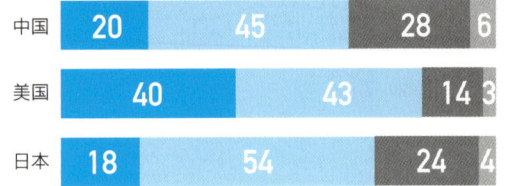

| | 非常同意 | 基本同意 | 不太同意 | 完全不同意 |
|---|---|---|---|---|
| 中国 | 20 | 45 | 28 | 6 |
| 美国 | 40 | 43 | 14 | 3 |
| 日本 | 18 | 54 | 24 | 4 |

## Q 比起身边人的评价,更相信网上的评价

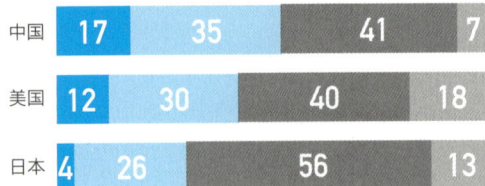

| | 非常同意 | 基本同意 | 不太同意 | 完全不同意 |
|---|---|---|---|---|
| 中国 | 17 | 35 | 41 | 7 |
| 美国 | 12 | 30 | 40 | 18 |
| 日本 | 4 | 26 | 56 | 13 |

## Q 喜欢在社交网络上投稿

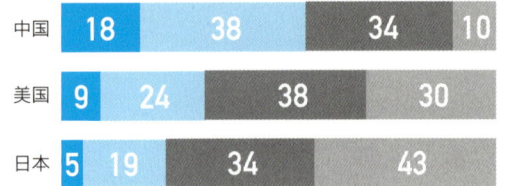

| | 非常同意 | 基本同意 | 不太同意 | 完全不同意 |
|---|---|---|---|---|
| 中国 | 18 | 38 | 34 | 10 |
| 美国 | 9 | 24 | 38 | 30 |
| 日本 | 5 | 19 | 34 | 43 |

## Q 注意保护自己的个人信息

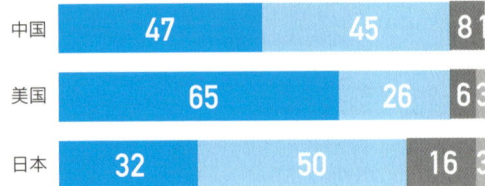

| | 非常同意 | 基本同意 | 不太同意 | 完全不同意 |
|---|---|---|---|---|
| 中国 | 47 | 45 | 8 | 1 |
| 美国 | 65 | 26 | 6 | 3 |
| 日本 | 32 | 50 | 16 | 3 |

## Q 想要积极地运用人工智能服务

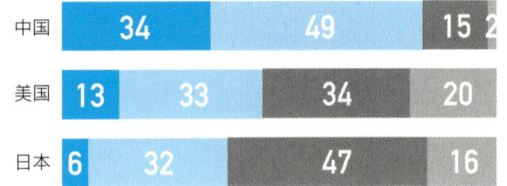

| | 非常同意 | 基本同意 | 不太同意 | 完全不同意 |
|---|---|---|---|---|
| 中国 | 34 | 49 | 15 | 2 |
| 美国 | 13 | 33 | 34 | 20 |
| 日本 | 6 | 32 | 47 | 16 |

## Q 喜欢看社交网络

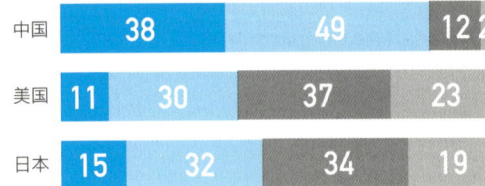

| | 非常同意 | 基本同意 | 不太同意 | 完全不同意 |
|---|---|---|---|---|
| 中国 | 38 | 49 | 12 | 2 |
| 美国 | 11 | 30 | 37 | 23 |
| 日本 | 15 | 32 | 34 | 19 |

## Q 觉得网络服务的推荐信息有用

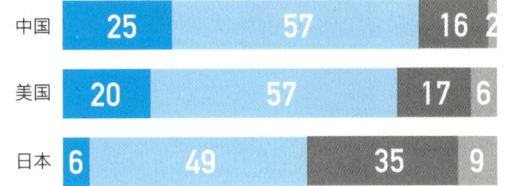

| | 非常同意 | 基本同意 | 不太同意 | 完全不同意 |
|---|---|---|---|---|
| 中国 | 25 | 57 | 16 | 2 |
| 美国 | 20 | 57 | 17 | 6 |
| 日本 | 6 | 49 | 35 | 9 |

## Q 想要积极地运用语音控制功能

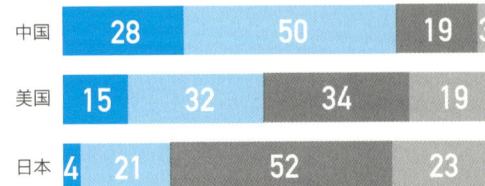

| | 非常同意 | 基本同意 | 不太同意 | 完全不同意 |
|---|---|---|---|---|
| 中国 | 28 | 50 | 19 | 3 |
| 美国 | 15 | 32 | 34 | 19 |
| 日本 | 4 | 21 | 52 | 23 |

## Q 经常参考微博、微信、抖音等网红或意见领袖等有影响力人士的信息

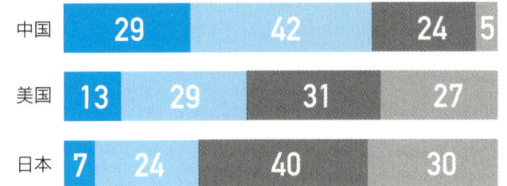

| | 非常同意 | 基本同意 | 不太同意 | 完全不同意 |
|---|---|---|---|---|
| 中国 | 29 | 42 | 24 | 5 |
| 美国 | 13 | 29 | 31 | 27 |
| 日本 | 7 | 24 | 40 | 30 |

科技生活所带来的
# 信息意识行为变化 （Base:全体）（单位:%）

■ 与以前相比,开始(更)这么想了
▒ 没有改变
■ 与以前相比,开始不(更不)这么想了

**Q 开始经常看大众媒体的信息了**

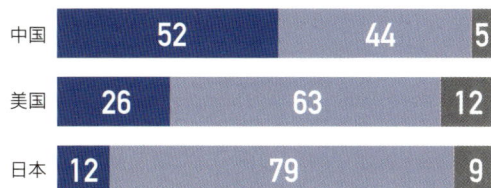

| | | | |
|---|---|---|---|
| 中国 | 52 | 44 | 5 |
| 美国 | 26 | 63 | 12 |
| 日本 | 12 | 79 | 9 |

**Q 开始对信息安全感到不安了**

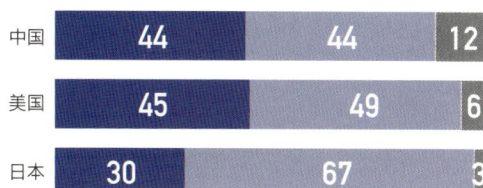

| | | | |
|---|---|---|---|
| 中国 | 44 | 44 | 12 |
| 美国 | 45 | 49 | 6 |
| 日本 | 30 | 67 | 3 |

**Q 比起身边人的评价,开始更相信网上的评价了**

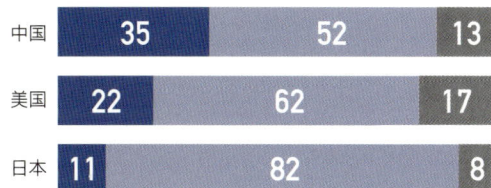

| | | | |
|---|---|---|---|
| 中国 | 35 | 52 | 13 |
| 美国 | 22 | 62 | 17 |
| 日本 | 11 | 82 | 8 |

**Q 开始喜欢在社交网络投稿了**

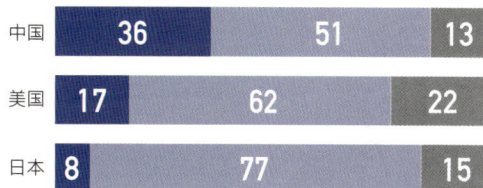

| | | | |
|---|---|---|---|
| 中国 | 36 | 51 | 13 |
| 美国 | 17 | 62 | 22 |
| 日本 | 8 | 77 | 15 |

**Q 开始注意保护自己的个人信息了**

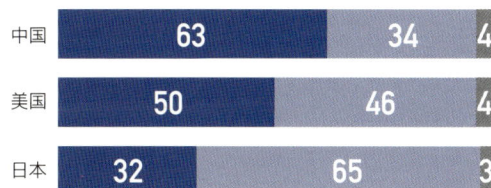

| | | | |
|---|---|---|---|
| 中国 | 63 | 34 | 4 |
| 美国 | 50 | 46 | 4 |
| 日本 | 32 | 65 | 3 |

**Q 开始想要积极地运用人工智能服务了**

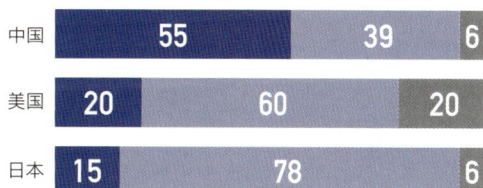

| | | | |
|---|---|---|---|
| 中国 | 55 | 39 | 6 |
| 美国 | 20 | 60 | 20 |
| 日本 | 15 | 78 | 6 |

**Q 开始喜欢看社交网络了**

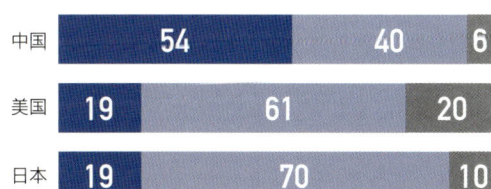

| | | | |
|---|---|---|---|
| 中国 | 54 | 40 | 6 |
| 美国 | 19 | 61 | 20 |
| 日本 | 19 | 70 | 10 |

**Q 开始觉得网络服务的推荐信息有用了**

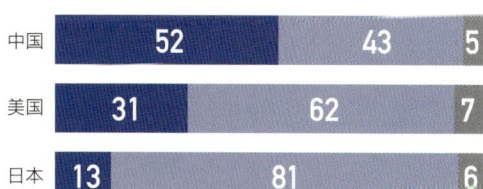

| | | | |
|---|---|---|---|
| 中国 | 52 | 43 | 5 |
| 美国 | 31 | 62 | 7 |
| 日本 | 13 | 81 | 6 |

**Q 开始想要积极地运用语音控制功能了**

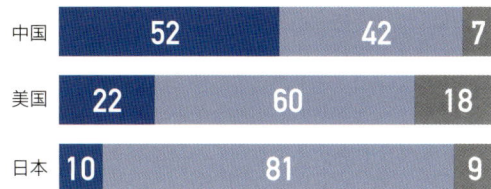

| | | | |
|---|---|---|---|
| 中国 | 52 | 42 | 7 |
| 美国 | 22 | 60 | 18 |
| 日本 | 10 | 81 | 9 |

**Q 开始经常参考微博、微信、抖音等网红或意见领袖等有影响力人士的信息了**

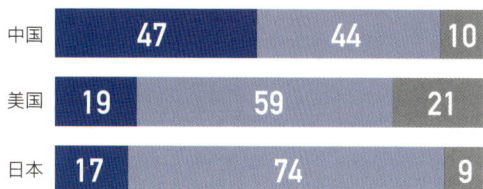

| | | | |
|---|---|---|---|
| 中国 | 47 | 44 | 10 |
| 美国 | 19 | 59 | 21 |
| 日本 | 17 | 74 | 9 |

# 信息意识行为现状 (Base:全体)(单位:%)

**Q** 比较信任机器、人工智能提供的服务及信息

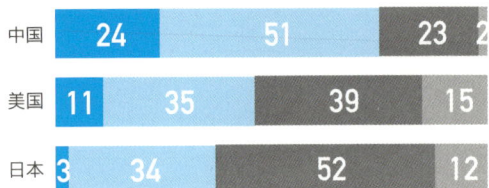

| | 非常同意 | 基本同意 | 不太同意 | 完全不同意 |
|---|---|---|---|---|
| 中国 | 24 | 51 | 23 | 2 |
| 美国 | 11 | 35 | 39 | 15 |
| 日本 | 3 | 34 | 52 | 12 |

**Q** 每天的信息来源或接收信息的途径较为固定

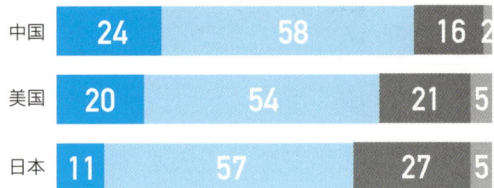

| | 非常同意 | 基本同意 | 不太同意 | 完全不同意 |
|---|---|---|---|---|
| 中国 | 24 | 58 | 16 | 2 |
| 美国 | 20 | 54 | 21 | 5 |
| 日本 | 11 | 57 | 27 | 5 |

**Q** 对于使用先进科技的信息机器和服务的兴趣较强

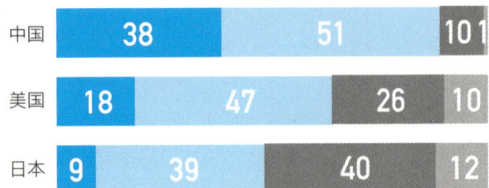

| | 非常同意 | 基本同意 | 不太同意 | 完全不同意 |
|---|---|---|---|---|
| 中国 | 38 | 51 | 10 | 1 |
| 美国 | 18 | 47 | 26 | 10 |
| 日本 | 9 | 39 | 40 | 12 |

**Q** 为了享受便利性高的服务，
也可以提供自己的个人信息

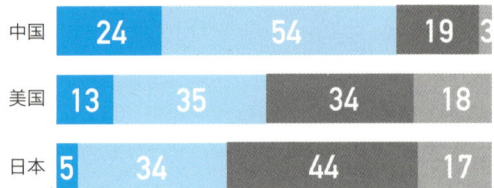

| | 非常同意 | 基本同意 | 不太同意 | 完全不同意 |
|---|---|---|---|---|
| 中国 | 24 | 54 | 19 | 3 |
| 美国 | 13 | 35 | 34 | 18 |
| 日本 | 5 | 34 | 44 | 17 |

科技生活所带来的
# 信息意识行为变化
(Base:全体) (单位:%)

**Q** 开始比较信任机器、
人工智能提供的服务及信息了

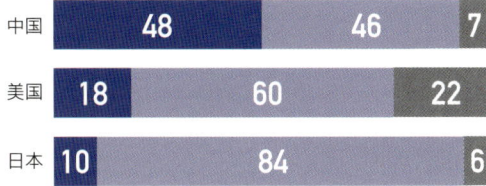

| | | | |
|---|---|---|---|
| 中国 | 48 | 46 | 7 |
| 美国 | 18 | 60 | 22 |
| 日本 | 10 | 84 | 6 |

**Q** 每天的信息来源或接收信息的途径变窄了

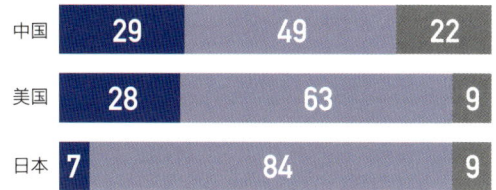

| | | | |
|---|---|---|---|
| 中国 | 29 | 49 | 22 |
| 美国 | 28 | 63 | 9 |
| 日本 | 7 | 84 | 9 |

**Q** 对于使用先进科技的信息机器和服务的兴趣增强了

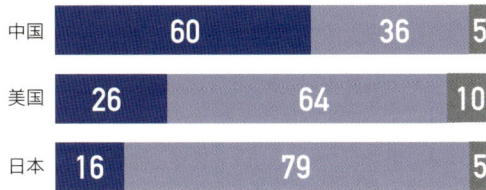

| | | | |
|---|---|---|---|
| 中国 | 60 | 36 | 5 |
| 美国 | 26 | 64 | 10 |
| 日本 | 16 | 79 | 5 |

**Q** 为了享受便利性高的服务,
开始觉得可以提供自己的个人信息了

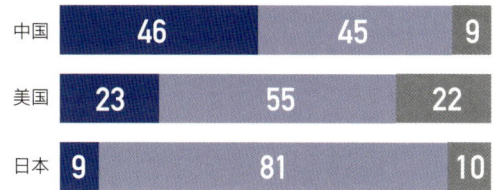

| | | | |
|---|---|---|---|
| 中国 | 46 | 45 | 9 |
| 美国 | 23 | 55 | 22 |
| 日本 | 9 | 81 | 10 |

# 购买过程

(Base：初次购买者)（单位：%)

**■ 中国　■ 美国　■ 日本**

## 各品类初次购买过程的平均值

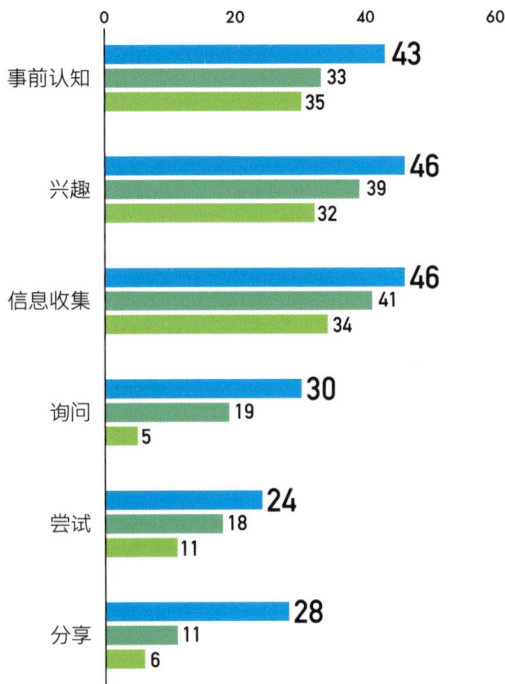

| | 中国 | 美国 | 日本 |
|---|---|---|---|
| 事前认知 | 43 | 33 | 35 |
| 兴趣 | 46 | 39 | 32 |
| 信息收集 | 46 | 41 | 34 |
| 询问 | 30 | 19 | 5 |
| 尝试 | 24 | 18 | 11 |
| 分享 | 28 | 11 | 6 |

## 1 最近一年内初次购买的汽车

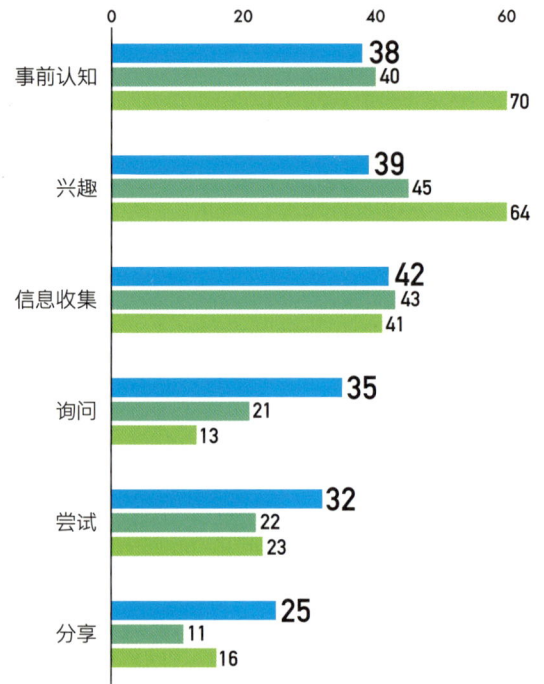

| | 中国 | 美国 | 日本 |
|---|---|---|---|
| 事前认知 | 38 | 40 | 70 |
| 兴趣 | 39 | 45 | 64 |
| 信息收集 | 42 | 43 | 41 |
| 询问 | 35 | 21 | 13 |
| 尝试 | 32 | 22 | 23 |
| 分享 | 25 | 11 | 16 |

## 2 最近一年内在线上初次购买的生活家电

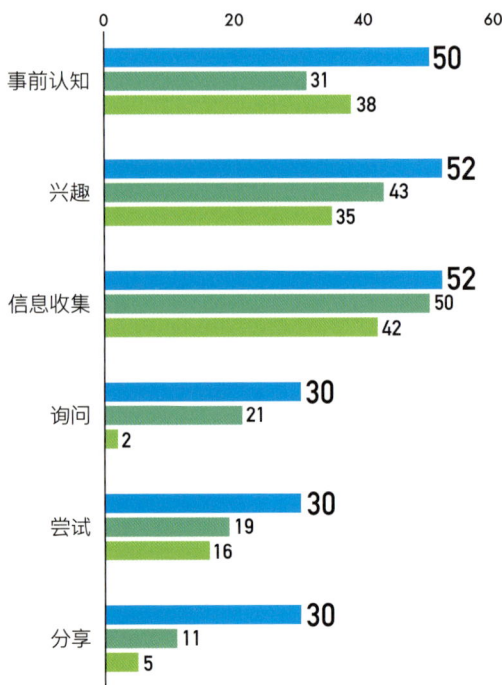

| | 中国 | 美国 | 日本 |
|---|---|---|---|
| 事前认知 | 50 | 31 | 38 |
| 兴趣 | 52 | 43 | 35 |
| 信息收集 | 52 | 50 | 42 |
| 询问 | 30 | 21 | 2 |
| 尝试 | 30 | 19 | 16 |
| 分享 | 30 | 11 | 5 |

## 3 最近一年内在线上初次购买的手机、电脑等信息设备

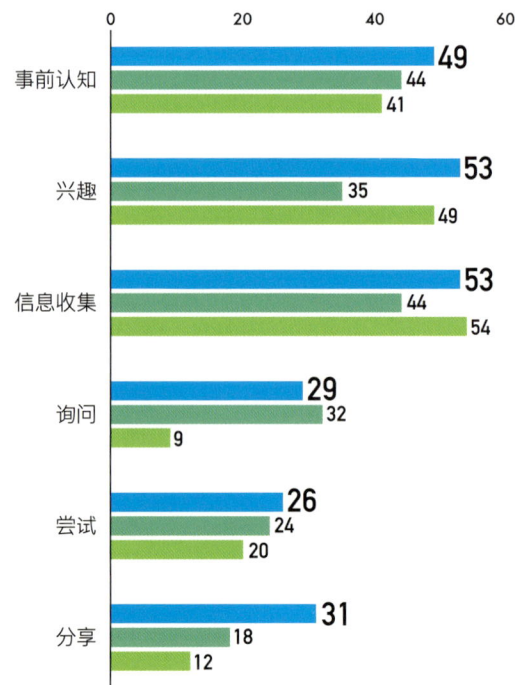

| | 中国 | 美国 | 日本 |
|---|---|---|---|
| 事前认知 | 49 | 44 | 41 |
| 兴趣 | 53 | 35 | 49 |
| 信息收集 | 53 | 44 | 54 |
| 询问 | 29 | 32 | 9 |
| 尝试 | 26 | 24 | 20 |
| 分享 | 31 | 18 | 12 |

**数值：将整个初次购入过程视作100的情况下，各购买步骤的反应率**

**4　最近一年内在线上初次购买的家具、日用杂货**

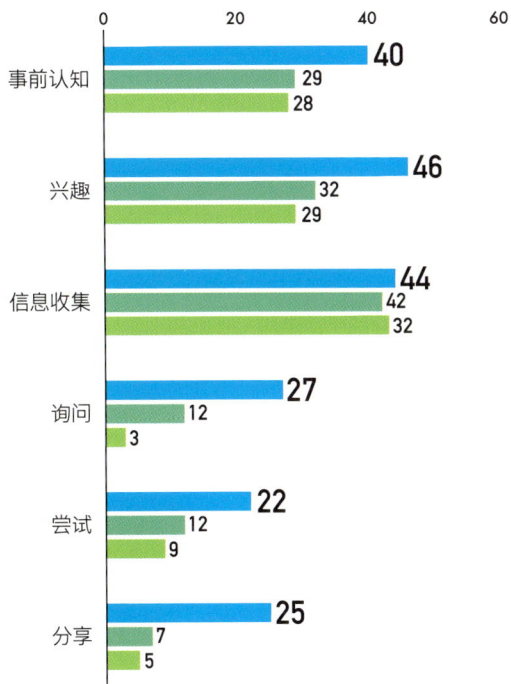

| 步骤 | 值1 | 值2 | 值3 |
|---|---|---|---|
| 事前认知 | 40 | 29 | 28 |
| 兴趣 | 46 | 32 | 29 |
| 信息收集 | 44 | 42 | 32 |
| 询问 | 27 | 12 | 3 |
| 尝试 | 22 | 12 | 9 |
| 分享 | 25 | 7 | 5 |

**5　最近一个月内在线上初次购买的的化妆品、护肤品**

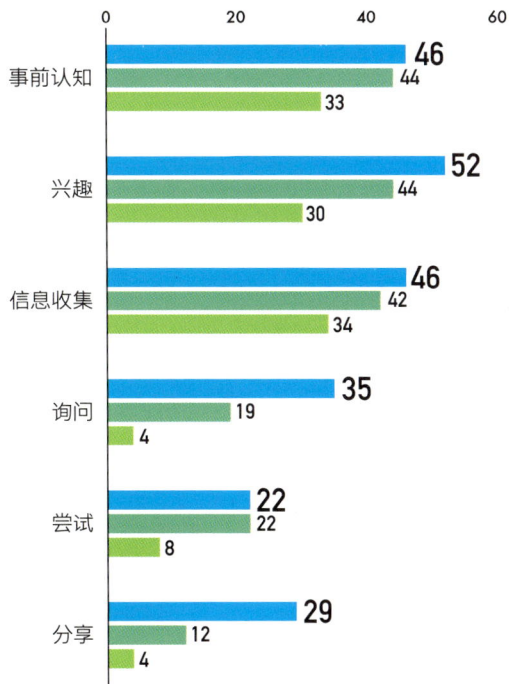

| 步骤 | 值1 | 值2 | 值3 |
|---|---|---|---|
| 事前认知 | 46 | 44 | 33 |
| 兴趣 | 52 | 44 | 30 |
| 信息收集 | 46 | 42 | 34 |
| 询问 | 35 | 19 | 4 |
| 尝试 | 22 | 22 | 8 |
| 分享 | 29 | 12 | 4 |

**6　最近一个月内在线上初次购买的护发、洗浴用品**

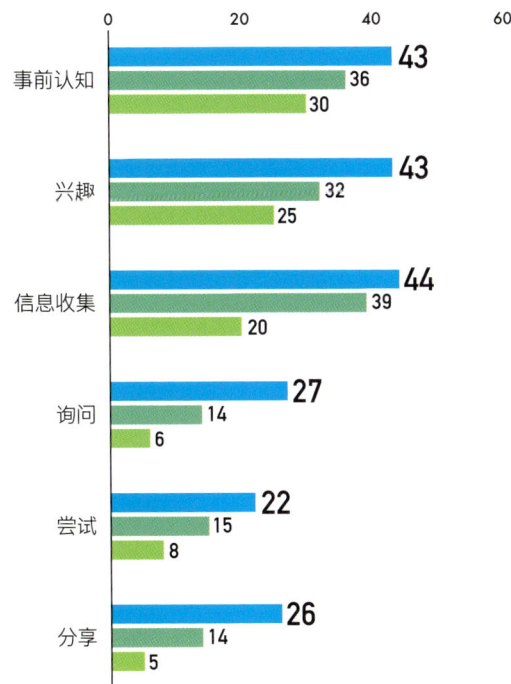

| 步骤 | 值1 | 值2 | 值3 |
|---|---|---|---|
| 事前认知 | 43 | 36 | 30 |
| 兴趣 | 43 | 32 | 25 |
| 信息收集 | 44 | 39 | 20 |
| 询问 | 27 | 14 | 6 |
| 尝试 | 22 | 15 | 8 |
| 分享 | 26 | 14 | 5 |

**7　最近一个月内在线上初次购买的保健食品、营养补品**

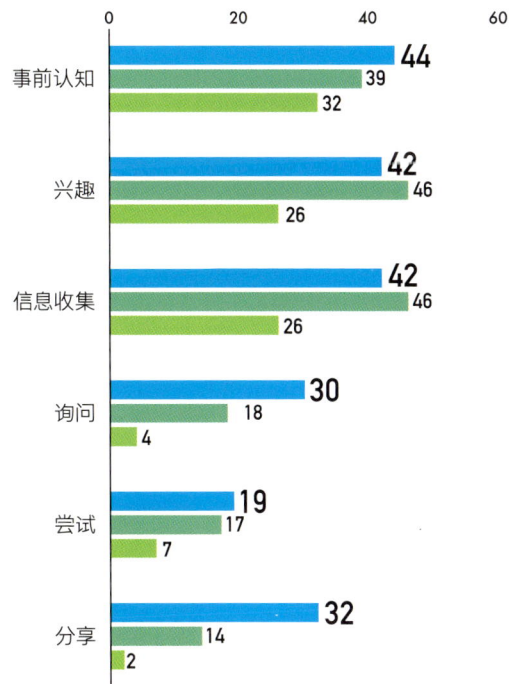

| 步骤 | 值1 | 值2 | 值3 |
|---|---|---|---|
| 事前认知 | 44 | 39 | 32 |
| 兴趣 | 42 | 46 | 26 |
| 信息收集 | 42 | 46 | 26 |
| 询问 | 30 | 18 | 4 |
| 尝试 | 19 | 17 | 7 |
| 分享 | 32 | 14 | 2 |

# 购买过程

(Base:初次购买者)(单位:%)

**■ 中国　■ 美国　■ 日本**

## 8　最近一个月内在线上初次购买的洗涤剂、厨房清洁剂

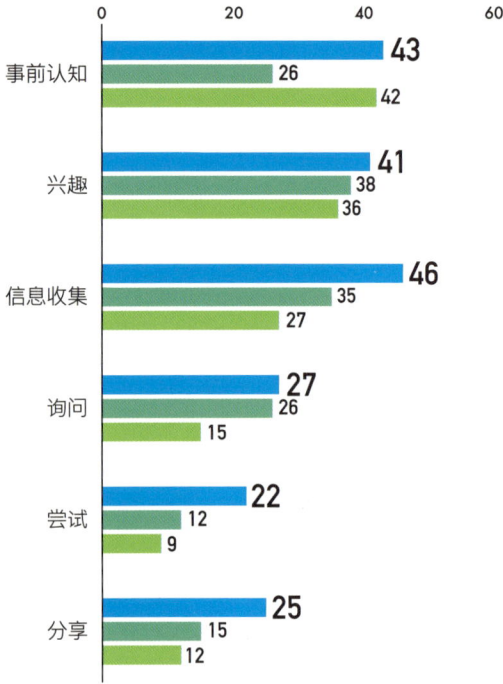

| 阶段 | 中国 | 美国 | 日本 |
|---|---|---|---|
| 事前认知 | 43 | 26 | 42 |
| 兴趣 | 41 | 38 | 36 |
| 信息收集 | 46 | 35 | 27 |
| 询问 | 27 | 26 | 15 |
| 尝试 | 22 | 12 | 9 |
| 分享 | 25 | 15 | 12 |

## 9　最近一个月内在线上初次购买的加工食品

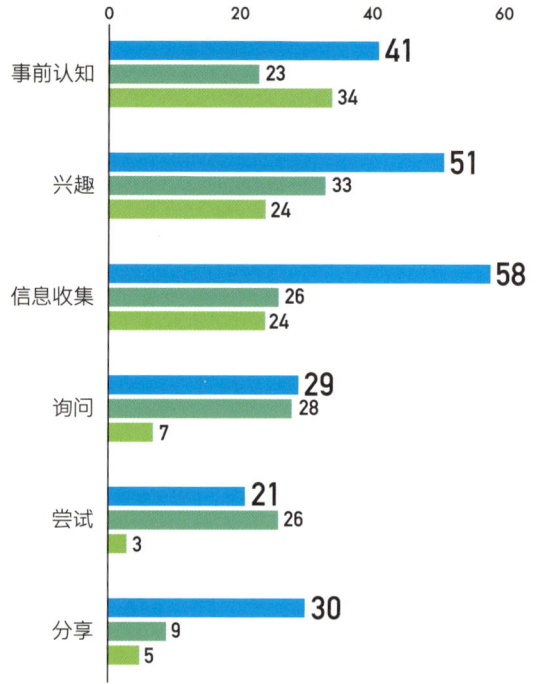

| 阶段 | 中国 | 美国 | 日本 |
|---|---|---|---|
| 事前认知 | 41 | 23 | 34 |
| 兴趣 | 51 | 33 | 24 |
| 信息收集 | 58 | 26 | 24 |
| 询问 | 29 | 28 | 7 |
| 尝试 | 21 | 26 | 3 |
| 分享 | 30 | 9 | 5 |

## 10　最近一个月内在线上初次购买的饮料、水、茶

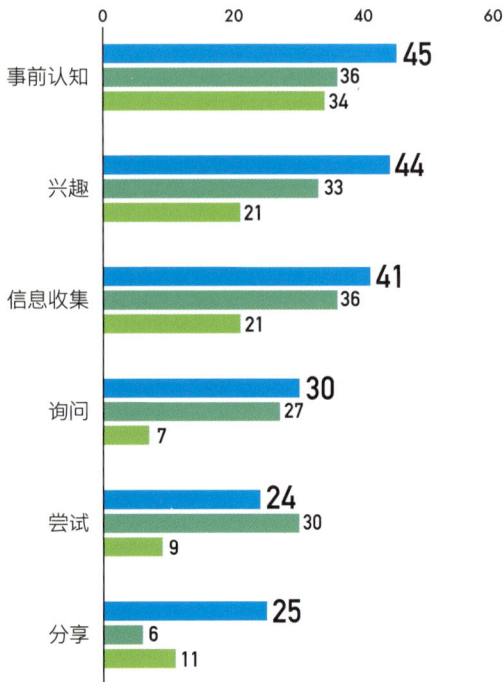

| 阶段 | 中国 | 美国 | 日本 |
|---|---|---|---|
| 事前认知 | 45 | 36 | 34 |
| 兴趣 | 44 | 33 | 21 |
| 信息收集 | 41 | 36 | 21 |
| 询问 | 30 | 27 | 7 |
| 尝试 | 24 | 30 | 9 |
| 分享 | 25 | 6 | 11 |

## 11　最近一个月内在线上初次购买的酒品

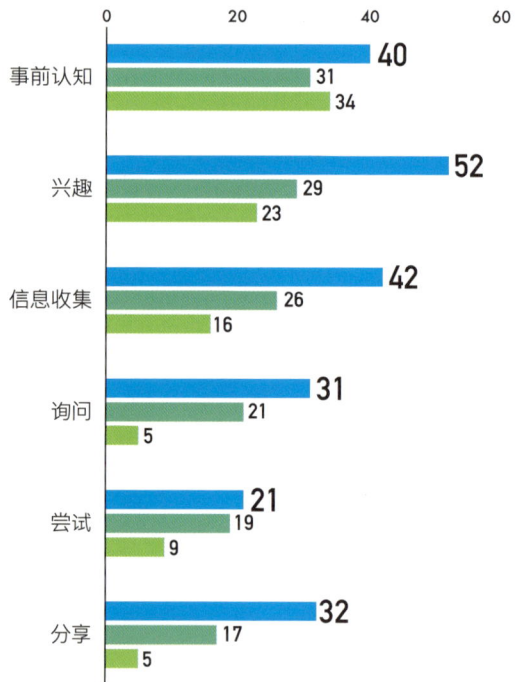

| 阶段 | 中国 | 美国 | 日本 |
|---|---|---|---|
| 事前认知 | 40 | 31 | 34 |
| 兴趣 | 52 | 29 | 23 |
| 信息收集 | 42 | 26 | 16 |
| 询问 | 31 | 21 | 5 |
| 尝试 | 21 | 19 | 9 |
| 分享 | 32 | 17 | 5 |

**数值：将整个初次购入过程视作100的情况下，各购买步骤的反应率**

| 12 | 最近一个月内在线上<br>初次购买的服装、鞋、箱包 |

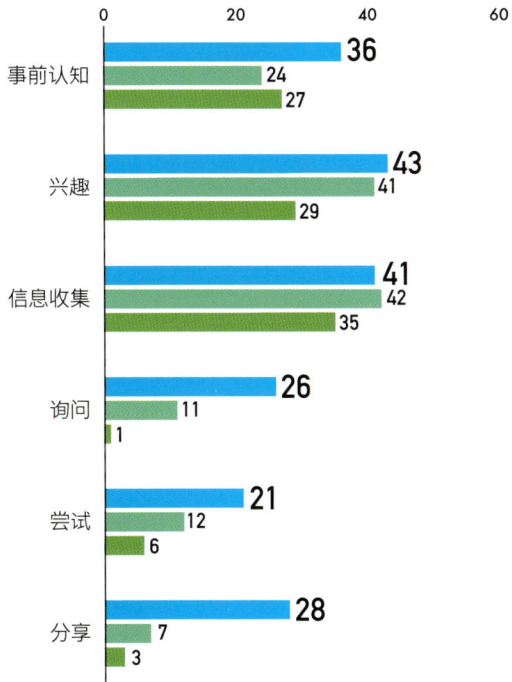

事前认知　36　24　27
兴趣　43　41　29
信息收集　41　42　35
询问　26　11　1
尝试　21　12　6
分享　28　7　3

■
■ 博报堂生活综研（上海）

大熊健二

钟　鸣

山本哲夫

王慧蓉

方华英

包　旭

尹子游


中国传媒大学 广告学院

丁俊杰
（中国传媒大学广告学院院长 教授）

黄京华
（中国传媒大学广告学院 教授）

杨雪睿
（中国传媒大学广告学院广告学系主任 副教授）

项目协助

佐藤格

蒋雪妮

曹墨健一

任倩怡

# 数自力

科技生活中诞生的全新生活之力

生活者"动"察 2018
The Dynamics of Chinese People
博报堂生活综研（上海）

**图书在版编目(CIP)数据**

数自力：科技生活中诞生的全新生活之力 / 博报堂
生活综研（上海）市场营销咨询有限公司著.
－上海: 文汇出版社, 2018.12
ISBN 978-7-5496-2755-4

Ⅰ.①数… Ⅱ.①博… Ⅲ.①科学技术－应用－消费生活 Ⅳ.①C913.3-39

中国版本图书馆CIP数据核字(2018)第279404号

**数自力：科技生活中诞生的全新生活之力**

策划推进 / 博报堂生活综研(上海)市场营销咨询有限公司
责任编辑 / 戴铮
装帧设计 / 阿部雪绘
　　　　　格拉慕可企业形象设计咨询(上海)有限公司

出版发行 / **文匯**出版社
　　　　　上海市威海路755号
　　　　　（邮政编码200041）
经　　销 / 全国新华书店
印刷装订 / 上海锦佳印刷有限公司
版　　次 / 2018年12月第1版
印　　次 / 2018年12月第1次印刷
开　　本 / 889×1194　1/16
字　　数 / 60千
印　　张 / 7.25

ISBN978-7-5496-2755-4
定　　价 / 48.00元

ISBN 978-7-5496-2755-

9 787549 627554

定价：48.00元